DAS GROSSE

Weihnachts-Rätselbuch

Festlich-schöne Rätsel zum Konzentrieren, Entspannen und Abschalten

Thade Precht
Bernhard Seckinger
Silke Berendes

ROTE 15
KERZEN .. 17
MIT 24
ZIMT 30
RENTIER .. 26

E	I	K	M	N	O	R	T	Z

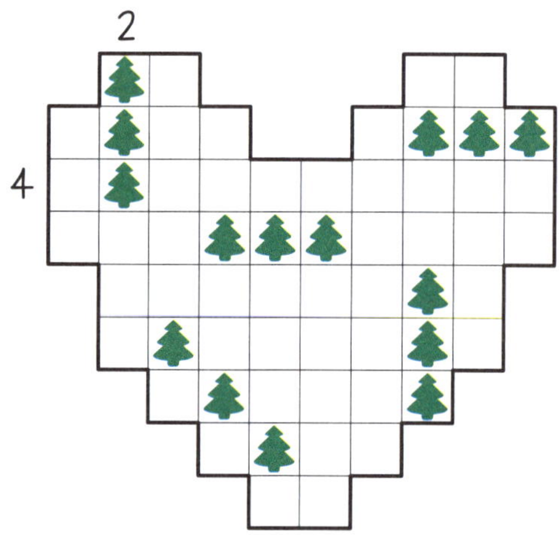

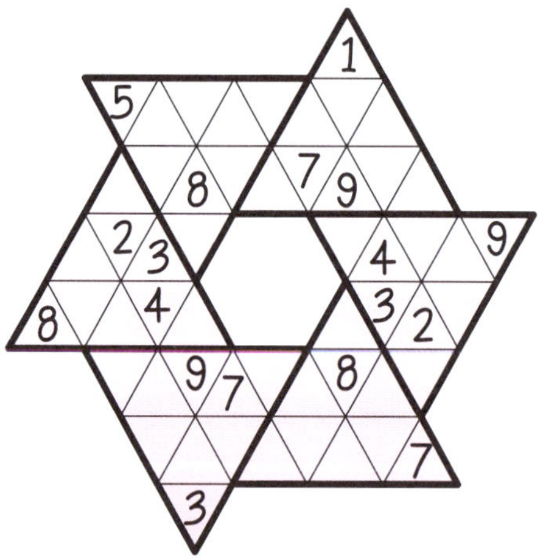

Inhaltsverzeichnis

Vorwort

Winterzeit, Weihnachtszeit, Rätselzeit ... Diesem verheißungsvollen Dreiklang widmet sich das vorliegende Buch, bunt gemischt und herrlich illustriert, ideal für besinnliche Festtage und ruhige Wintermonate. Das Motto dabei: Einfach mal fünf gerade sein lassen, sich entspannt aufs Sofa zurückziehen und die lieben Gehirnzellen auf Trab bringen.

Rund 200 Rätsel 16 verschiedener Rätseltypen – etablierte wie neue – warten darauf, von dir gelöst zu werden: von sternförmigen Sudokus über das Aufstöbern von Geschenken und eingeschneiten Häusern oder weihnachtliche Labyrinthe bis hin zu Logicals und Rundwegen. Mit den Diagonic-Rätseln stellen wir obendrein einen gänzlich neuen Rätseltyp vor, der bis dato noch nirgendwo erschienen ist. Alles in allem ein großes Schmankerl – und gleichermaßen geeignet für alte Rätselhasen wie für findige Neulinge.

Das ultimative Geheimrezept für die kalte Jahreszeit lautet also: eine gute Tasse Tee, ein paar leckere Lebkuchen und „Das große Weihnachtsrätselbuch"! Auf dass dir die folgenden Seiten viele schöne Rätselstunden bescheren und dich zugleich unterhaltsam, herausfordernd und entspannend durch den Winter bringen.

Frohe Weihnachten wünschen

Silke, Bernhard & Thade

Letzte Vorbereitungen

DAS RÄTSELWERKZEUG

Für ungetrübten Rätselspaß brauchst du einen guten **Bleistift** und – fast noch wichtiger – ein gutes **Radiergummi**! Denn Fehler sind nicht nur menschlich, sie schleichen sich auch schneller ein, als man denkt. Selbst eingefleischte Rätselprofis wissen um die Macht des Radiergummis.

DIE HERANGEHENSWEISE

Jedes Rätsel ist mit einem **Schwierigkeitsgrad** versehen: leicht (♥), mittel (♥ ♥) oder schwer (♥ ♥ ♥). Die Schwierigkeitsgrade steigen innerhalb der einzelnen Themenblöcke und im allgemeinen Fortlauf des Buches langsam an. Als Neueinsteiger solltest du mit den leichten Rätseln beginnen, um eine gute Lernkurve zu haben und dich nach und nach mit dem jeweiligen Rätseltyp und seinen Eigenheiten vertraut zu machen.

Sehr wahrscheinlich werden dir manche Rätsel bzw. Rätseltypen leichter fallen als andere. Das ist völlig normal und auch gut so. Das Wichtigste ist: Gib nicht auf und bleib dran! Selbst wenn dich mitunter ein vermeintlich leichtes Rätsel an den Rand der Verzweiflung bringt, so hat das keinerlei Aussagekraft über deinen logischen Intellekt. Mit zunehmender Beschäftigungsdauer wirst du die geeigneten **Lösungsstrategien** finden und verinnerlichen, und umso größer wird am Ende dein Erfolgserlebnis sein. Und solltest du bei einem Rätsel mal komplett feststecken, dann kann es helfen, eine kurze Pause einzulegen und einfach etwas anderes zu machen. Mit freiem Kopf und frischem Elan rätselt es sich besser!

Zur Info: Jedes Rätsel in diesem Buch hat genau **eine richtige Lösung**!
Zum Abgleich findest du diese ab Seite 126.

So, genug gefaselt: Zücke deinen Bleistift und los geht's!

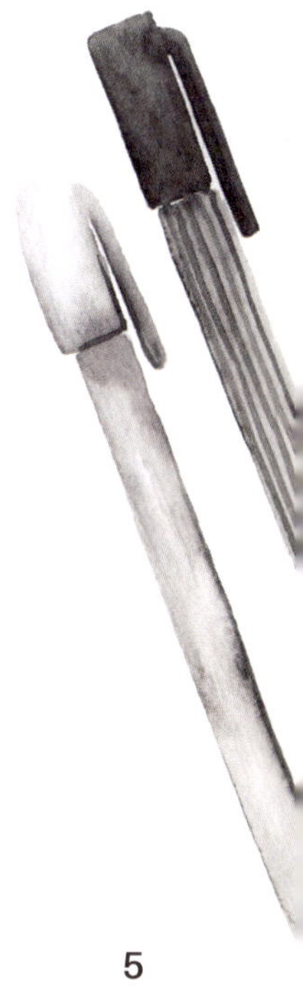

Willkommen zum weihnachtlichen Rätselspaß

1 3 7 1 3 14
1
5
7
1
9
14
2

3
2
2
3

Stern-Sudoku

Schreibe die Zahlen von 1 bis 9 so in die Felder der Sterne, dass sich in jeder Reihe und jedem Gebiet jede der Zahlen von 1 bis 9 genau einmal befindet. Dabei zählen die Felder an den Spitzen zur nächstgelegenen Reihe dazu.

001 ♥

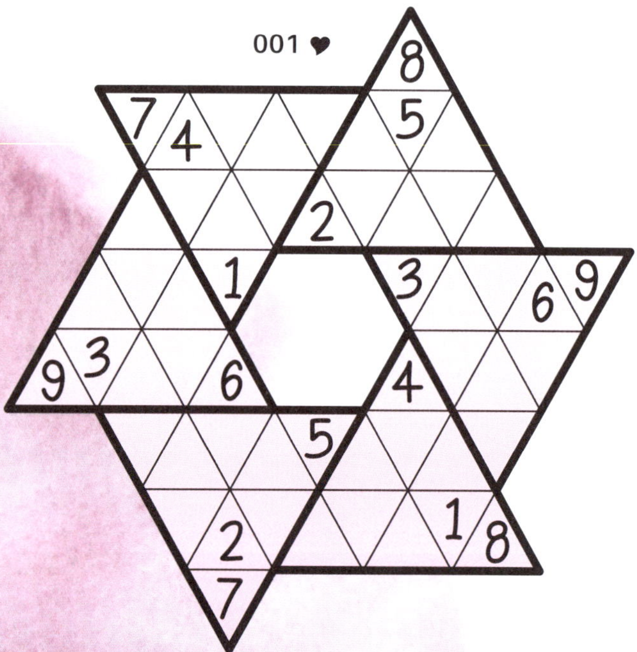

002 ♥

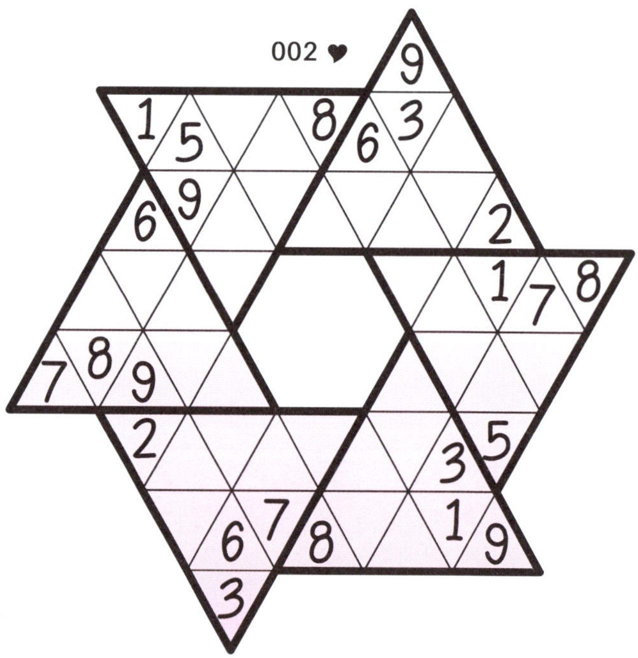

003 ♥

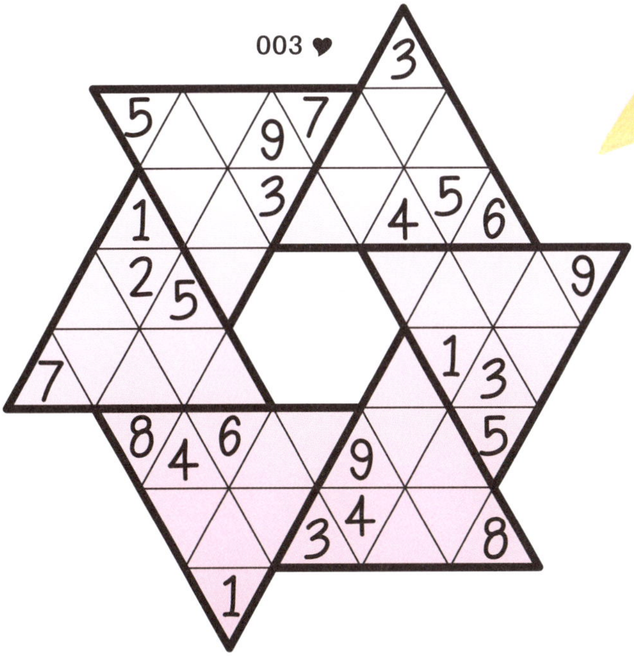

004 ♥♥

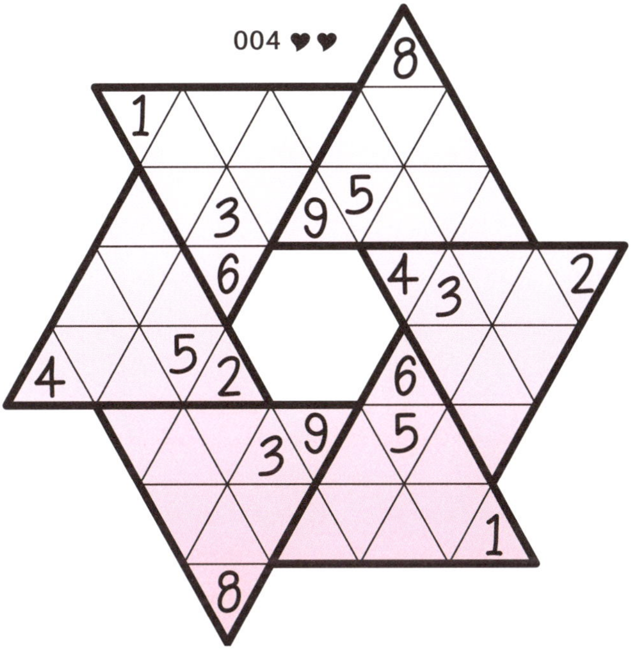

005 ♥♥♥

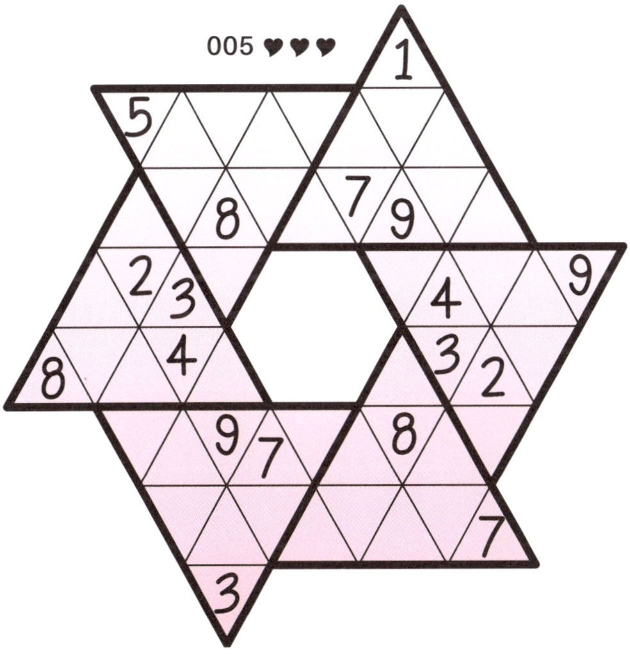

Geschenke einpacken

Geschenkpapier mit Pfiff: Erst wenn die Beschenkten das jeweils aufgedruckte Rätsel gelöst haben, dürfen sie ihre Geschenkebox auspacken. Also dann: **Wie verlaufen die Rundwege?**

Zeichne entlang der gepunkteten Linien einen geschlossenen Weg ein, wobei nicht alle Gitterpunkte durchlaufen werden müssen. Die Zahlen in den Feldern geben an, wie viele der benachbarten Kanten für den Weg verwendet werden. Der Weg darf sich nicht selbst kreuzen oder berühren.

006 ♥

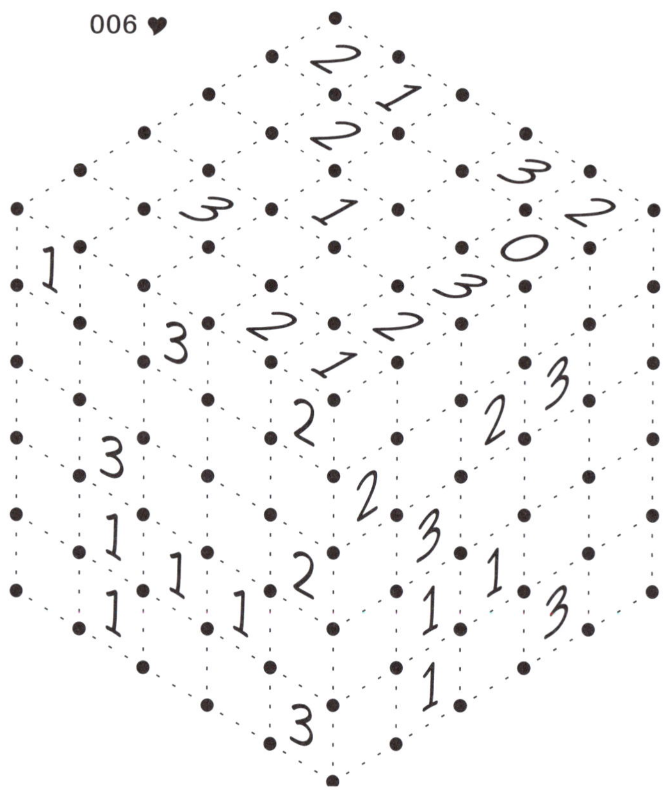

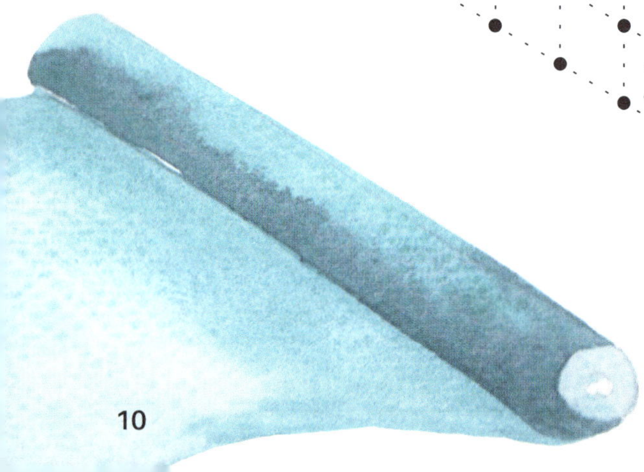

007 ♥♥

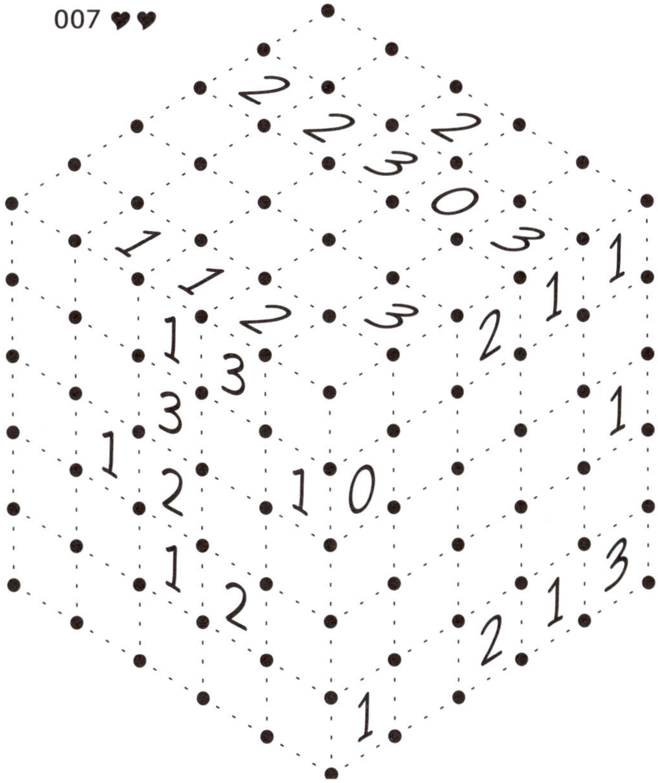

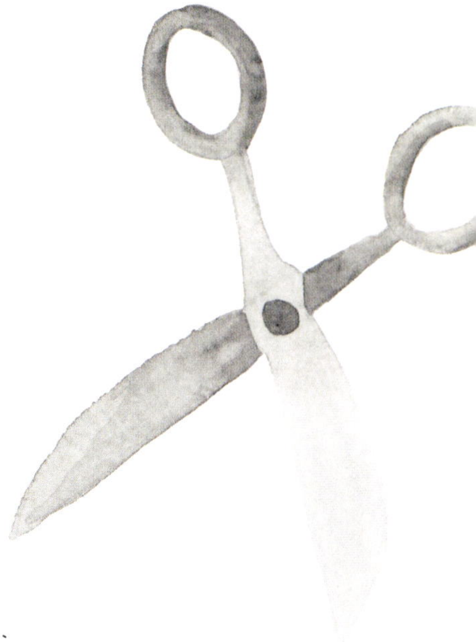

008 ♥♥

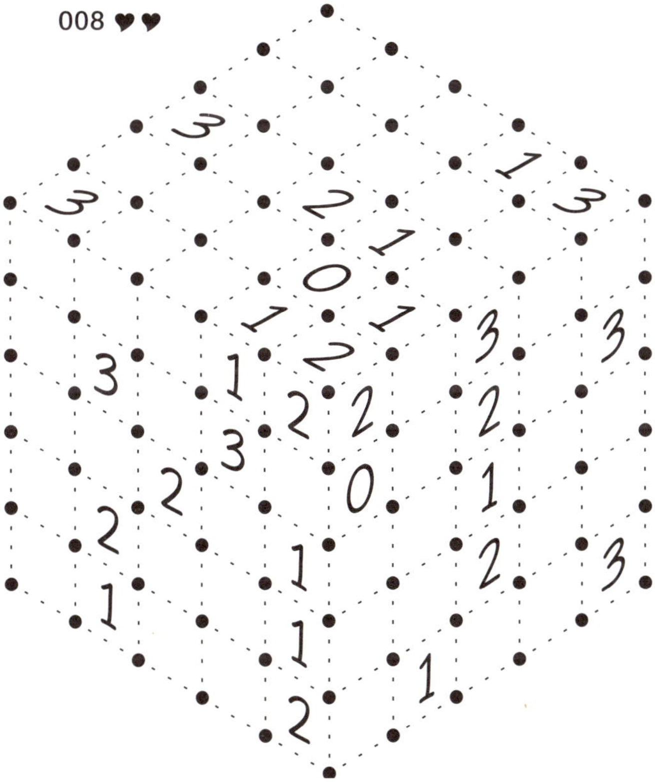

Wortsuche

Wörterwusel

Die nachfolgend aufgelisteten Wörter sind waagerecht, senkrecht, diagonal und auch rückwärts im Diagramm versteckt. Wenn du alle Wörter gefunden hast, ergeben die verbleibenden Buchstaben zeilenweise ein Lösungswort.

ABENDESSEN, BESINNUNG, DAVID, ESEL, GESCHENK, GLORIA, HIRTEN, JOSEF, JUBEL, KERZEN, KRIPPE, LIED, LORBEEREN, MARIA, RIND, STALL, TANNENBAUM

009 ♥

M	B	J	O	S	E	F	D	G	L
D	U	E	L	P	J	E	N	L	L
N	D	A	P	U	I	U	A	O	E
I	U	I	B	L	N	T	R	R	A
R	R	E	V	N	S	B	C	I	I
K	L	H	I	A	E	L	T	A	R
N	E	S	S	E	D	N	E	B	A
N	E	T	R	I	H	U	N	S	M
B	N	E	Z	R	E	K	N	A	E
K	N	E	H	C	S	E	G	G	T

LÖSUNGSWORT: ....

Irrweg durchs Iglu

Finde den Weg durch das Labyrinth.

010 ♥

Geschenkewald

Trage waagerecht oder senkrecht neben jedem Baum ein Geschenk ein, das zu diesem Baum gehört. Die Geschenke dürfen sich dabei nicht berühren, auch nicht diagonal. Die Zahlen am Rand geben an, wie viele Geschenke sich in der entsprechenden Zeile oder Spalte befinden.

011 ♥

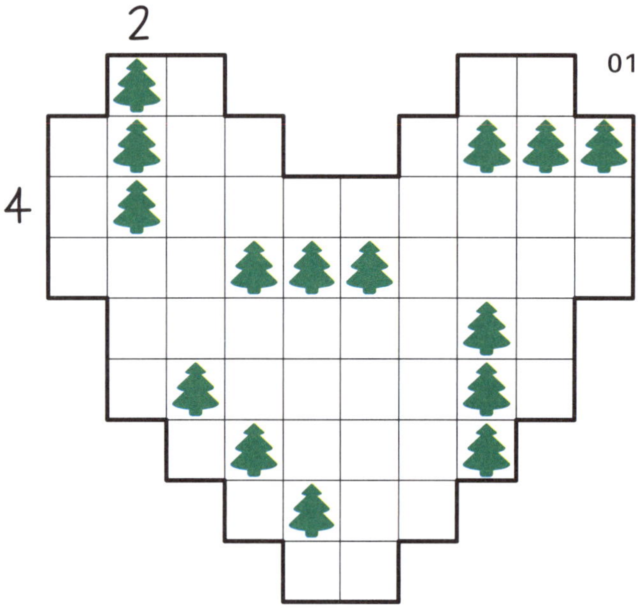

012 ♥

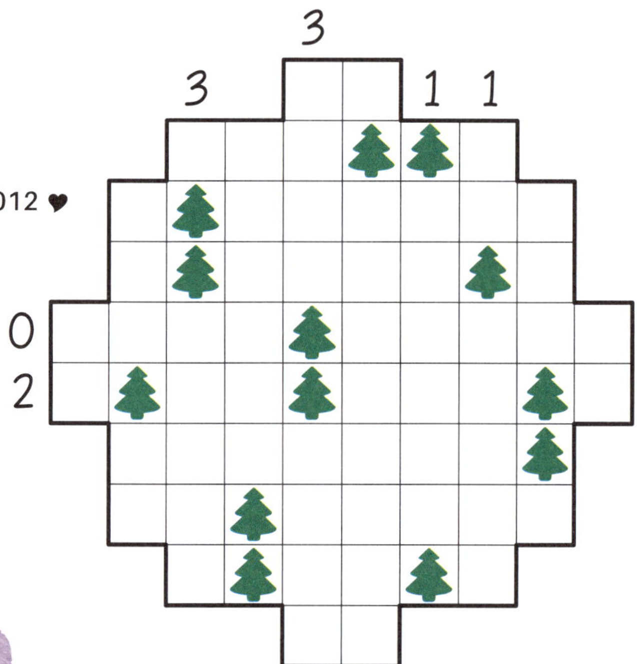

013 ♥

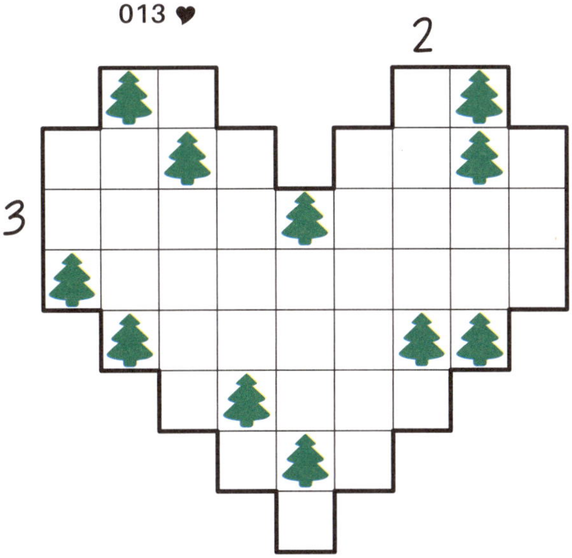

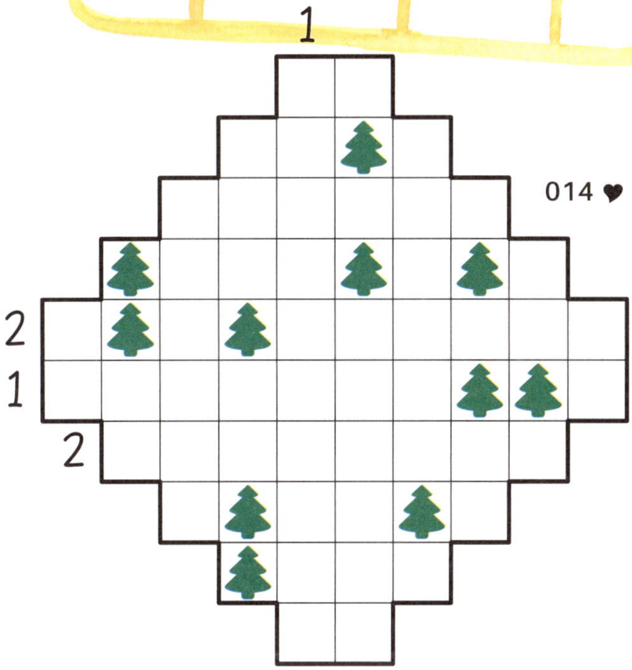

014 ♥

015 ♥

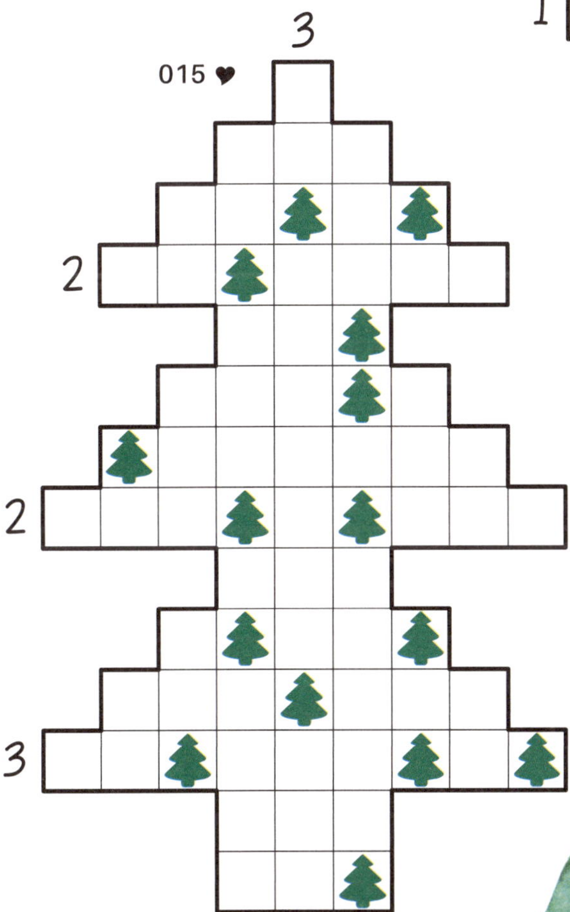

Doppelstern

Sternennacht

Trage in das Diagramm Sterne so ein, dass sich in jeder Zeile, jeder Spalte und jedem fett umrandeten Gebiet genau zwei Sterne befinden. Die Sterne haben jeweils die Größe eines Kästchens und dürfen einander nicht berühren, auch nicht diagonal.

016 ♥

017 ♥

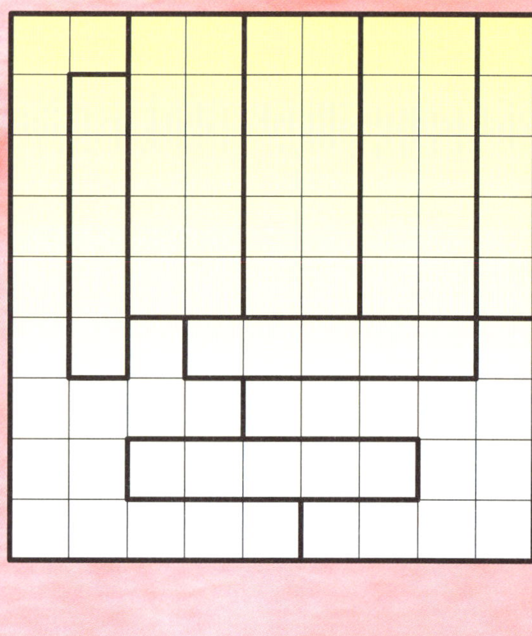

018 ♥

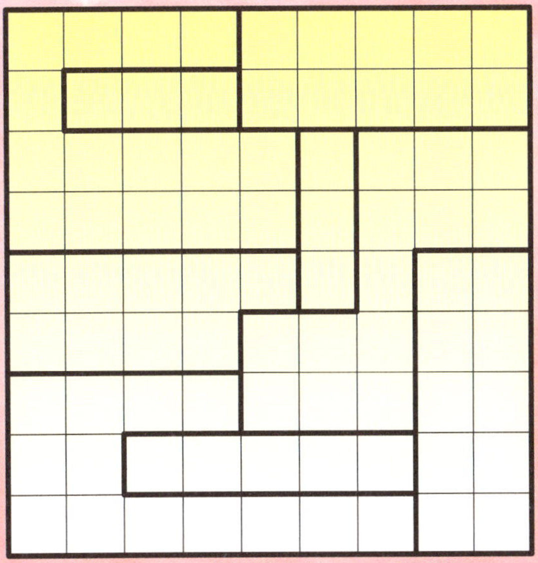

019 ♥♥

020 ♥♥

Logical

Printen

In Eulendorf gibt es fünf Printenbäcker, von denen jeder seine Spezialprinten hat. Diese unterscheiden sich sowohl in der Farbe als auch der Verzierung. Als die kleine Anna einem Telefonat ihrer Mutter lauscht, erfährt sie Folgendes:

1 Weder die Printen mit der Mandel noch die Printen von Bäcker Falkenberg sind weiß. | **2** Die von Bäcker Falkenberg sind auch nicht dunkelbraun. | **3** Die hellbraunen Printen haben weder Mandel noch Schokosplitter als Verzierung. | **4** Auch die weißen und die schwarzen Printen sind nicht mit Schokosplittern verziert. | **5** Die Printen ohne Verzierung sind weder weiß noch dunkelbraun. | **6** Bäcker Spitz stellt die hellbraunen Printen her, die nicht ohne Verzierung sind. | **7** Weder die Printen mit der Nuss noch die Printen von Bäcker Müller sind weiß. | **8** Allerdings sind die Printen von Bäcker Hochnagel schwarz und sie sind nicht ohne Verzierung.

Welche Printen kommen von Bäcker Haucher? Und wer macht die beigen Printen?

	021 ♥	Farbe					Verzierung				
		hellbraun	dunkelbraun	schwarz	beige	weiß	Mandel	Nuss	Schokosplitter	Zuckerguss	nichts
Bäcker	Müller										
	Hochnagel										
	Falkenberg										
	Spitz										
	Haucher										
Verzierung	Mandel										
	Nuss										
	Schokosplitter										
	Zuckerguss										
	nichts										

Wörterwusel

Die nachfolgend aufgelisteten Wörter sind waagerecht, senkrecht, diagonal und auch rückwärts im Diagramm versteckt. Wenn du alle Wörter gefunden hast, ergeben die verbleibenden Buchstaben zeilenweise ein Lösungswort.

BITTERKALT, BRAUCHTUM, BUTTERTEIG, EUPHORIE, EWIG, GEDICHT, HEITERKEIT, KUCHEN, LECKERLI, LIEDCHEN, SUMMEN, VIELFALT, ZUCKERGUSS

022 ♥

Z	H	I	T	H	C	I	D	E	G
M	U	T	L	A	F	L	E	I	V
U	E	C	A	R	O	N	E	I	N
T	I	E	K	R	E	T	I	E	H
H	R	G	R	E	R	K	H	K	K
C	O	U	E	E	R	C	C	U	C
U	H	H	T	E	D	G	C	E	N
A	P	T	T	E	P	H	U	F	L
R	U	G	I	W	E	E	R	S	D
B	E	L	B	N	E	M	M	U	S

Lösungswort: ....

Sternsinger

Auf welcher Route sind die Sternsinger in diesem Jahr unterwegs?
Zeichne entlang der gepunkteten Linien einen geschlossenen Weg ein, wobei nicht alle Gitterpunkte durchlaufen werden müssen. Die Zahlen in den Feldern geben an, wie viele der benachbarten Kanten für den Weg vorwendet werden. Der Weg darf sich nicht selbst kreuzen oder berühren.

023 ♥

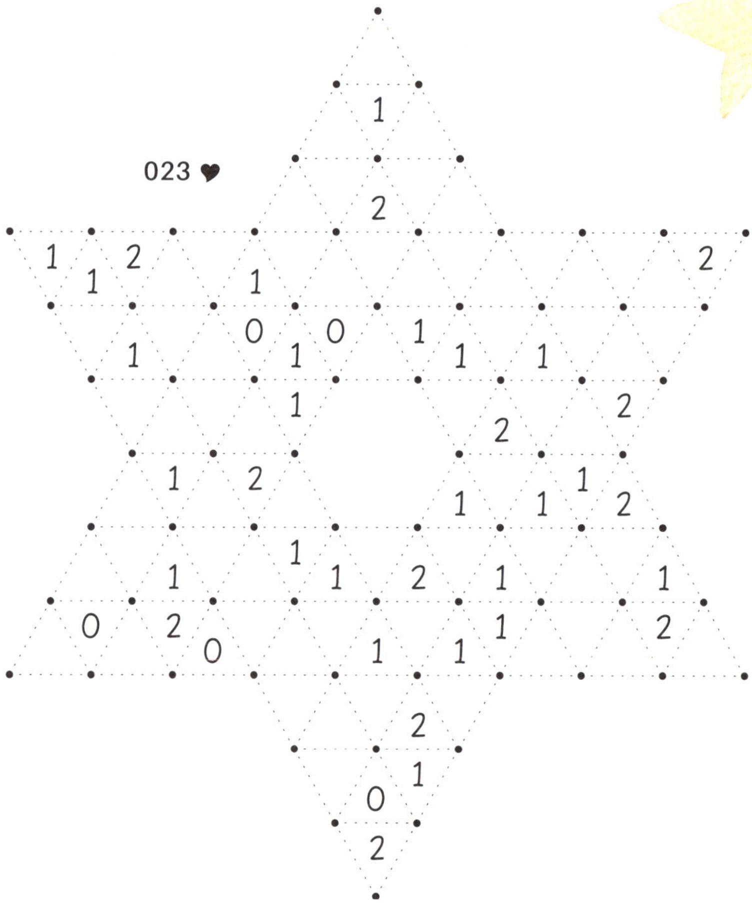

024 ♥♥

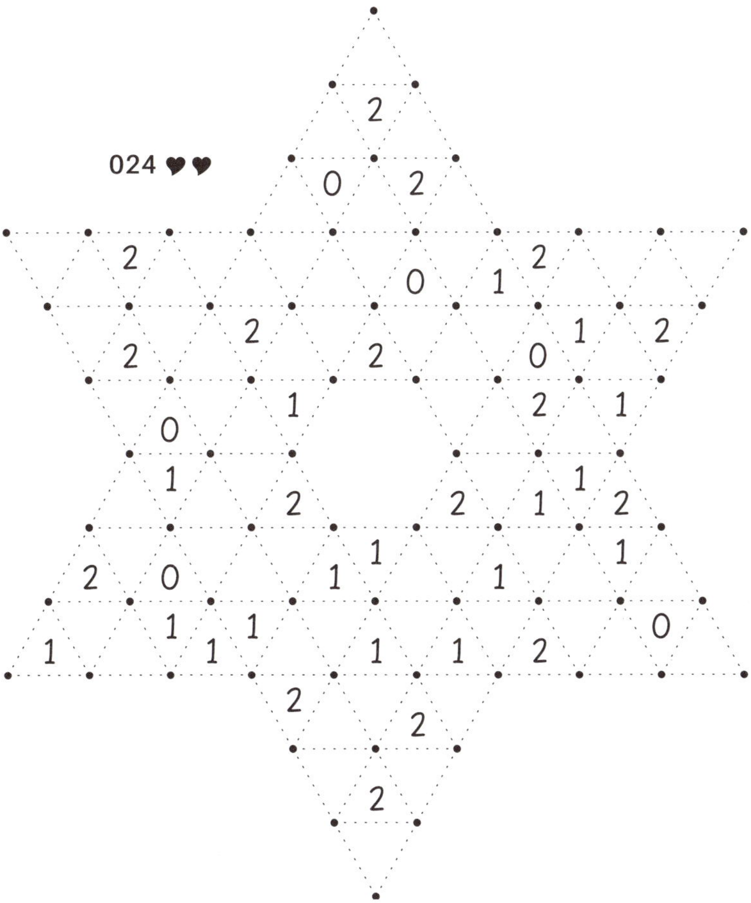

025 ♥♥

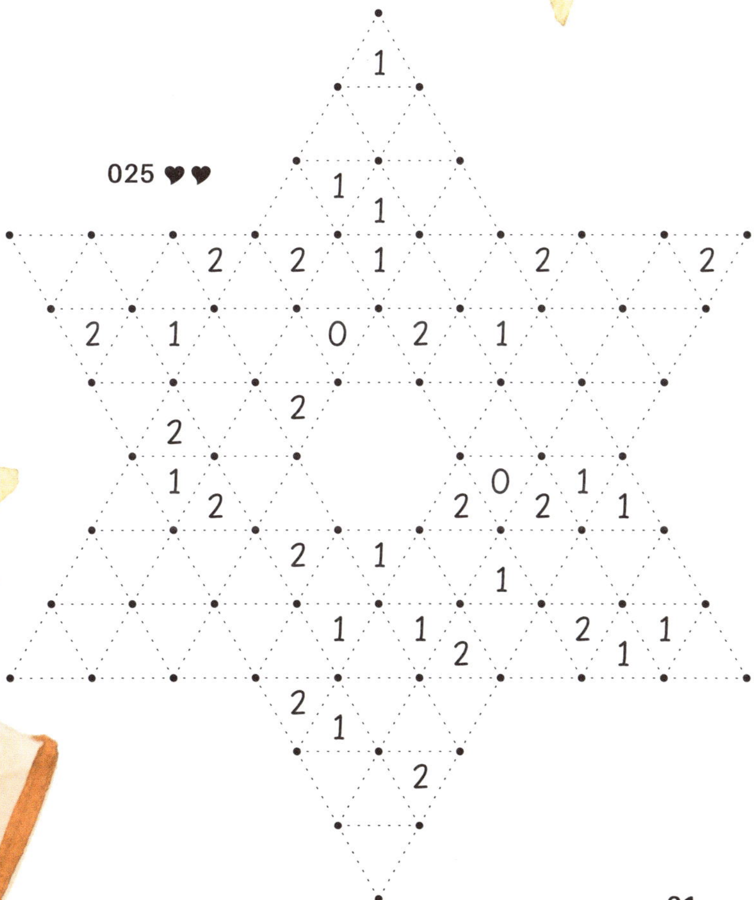

Schneegestöber

Der Skiort Mawos ist komplett eingeschneit. Man kann noch nicht einmal mehr die Häuser erkennen und daher die Schneefräse nicht losschicken. Zum Glück ist die lokale Einsatzleitung mit modernster Technik ausgestattet. Mit einem Schnee-Röntgen-Gerät können die Helfer vom Rand her ermitteln, wie viele Felder in der entsprechenden Zeile oder Spalte von einem Haus belegt sind. Zudem ist noch bekannt, dass alle Häuser rechteckig sind, mindestens 2x2 Felder groß und sich nirgends berühren, auch nicht über Eck.

Wo stehen die Häuser?

026 ♥

	3	6	3	5	2	0	5	8	8
3									
6									
6									
6									
3									
0									
4									
6									
6									

027 ♥

	7	7	0	5	5	3	2	8	8
7									
7									
0									
7									
7									
7									
2									
4									
4									

028 ♥

Columns: 5 5 3 3 3 0 8 8 8

Rows: 2 5 3 3 3 3 8 8 8

029 ♥

Columns: 6 6 2 8 6 0 6 6 2

Rows: 4 6 2 2 6 6 2 7 7

030 ♥♥

Columns: 6 6 2 7 7 2 7 5 3

Rows: 4 6 4 7 5 5 0 7 7

Querdenker

Löse das Kreuzworträtsel mit den nachfolgenden Hinweisen:

Waagerecht

2 Der beste Trumpf in der Weihnachtspassion
4 Wesentliches Hilfsmittel von 3-senkrecht
6 So sind 7-senkrecht meist.
7 Die Gemeinsamkeit von Heinz Karl und Hongkong
8 Aller Plätzchen Anfang
10 Weder Weihnachtstanne noch sonst ein Nadelbaum
11 Langohrpartner in der Weihnachtsgeschichte
13 Marzipanstadtkürzel
14 Winterleistungssportlers Ziel
16 Winterlicher Stalagtit
18 Schlittschuhlauffläche im Winter
19 Teil von 11-waagerecht, taugt auch zum Weihnachtsliederspielen
20 Auch diese Art Trommler freut sich auf die Weihnachtsferien.
21 Existenzialistisches angelsächsisches Verb
22 Königliches Mitbringsel
23 Geschüttelte Reime, zum Teil tragisch eingesetzt
25 Was das Jesuskind von Josef nicht bekam
26 Wenn es draußen kalt ist, geht man manchmal gerne da hin.

Senkrecht

1 Schottischer Schäfersgehilfe
2 Aufforderung zur Luftaufnahme
3 Langbrettchauffeur
4 (Weihnachts-)Liedteil, der mit einer Kata zum Desaster wird
5 Ger-Gestalt
6 Wirtliche Auszeit
7 Niedliche, humane Hydraulikpumpen
9 Halbe Christuskreuz...schrift
12 Lichtgesang
15 Teil der Herstellung von Lederwinterstiefeln
17 Trennaufforderung geschüttelter Art
20 Was das Jesuskind in der Krippe tat
24 Verkehrtes Dreierlei in der Weihnachtsfeierlichkeit

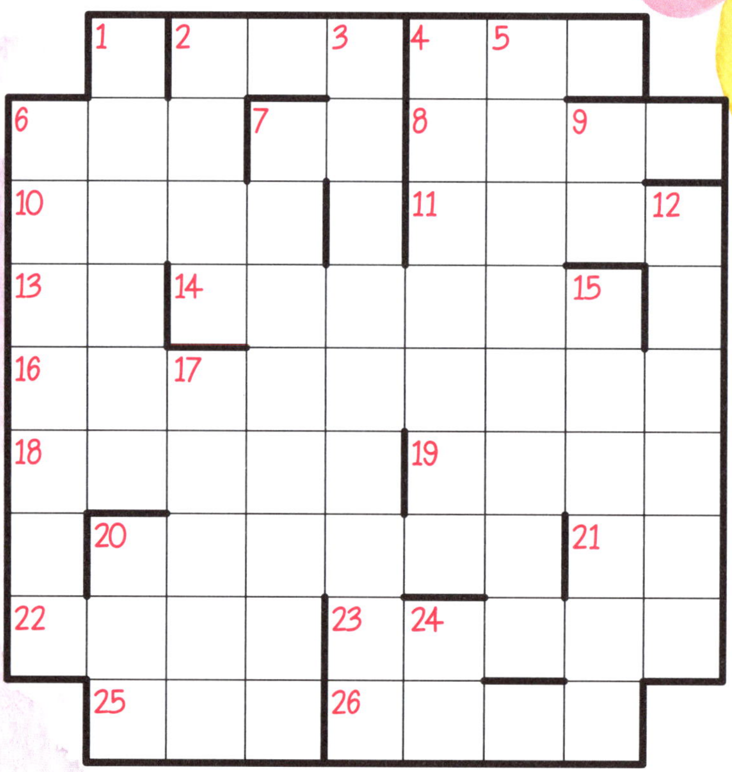

031 ♥♥

Wichtelworte

Ordne den Buchstaben die Zahlen von 1 bis 6 (Rätsel 1) bzw. von 1 bis 10 (Rätsel 2) so zu, dass jeder Buchstabe einer anderen Zahl entspricht. Die Summe der Buchstaben der aufgelisteten Wörter entspricht dabei der jeweils nebenstehenden Summe. Buchstaben, die mehrfach in einem Wort vorkommen, gehen auch entsprechend mehrfach in die Summe ein.

032 ♥

STILLE .. 18
SEELE ... 21
IM 8
MISTEL .. 21
TEE 16

E	I	L	M	S	T

033 ♥

VOM 14
HIMMEL .. 34
HOCH 28
KOMM 16
ICH 27
HER 11

C	E	H	I	K	L	M	O	R	V

Weihnachtsbäckerei

Zeichne in die nachfolgenden Raster jeweils einen geschlossenen Weg ein, der ausschließlich **diagonal** zwischen den Schnittpunkten des Rasters verläuft. Der Weg darf sich nicht selbst kreuzen oder berühren. Die Zahlen am Rand geben an, wie viele Rasterkästchen der Weg in der jeweiligen Zeile bzw. Spalte diagonal durchläuft. Der Innenbereich des Weges ist auszumalen bzw. zu schwärzen. Mitunter geben Voreinträge Hinweise zum Wegverlauf:

- Leerfeld / Außenbereich
- Teilstrecke des Weges mit Zuordnung von Innenbereich (Grau) und Außenbereich (Weiß)
- Innenbereich des Weges

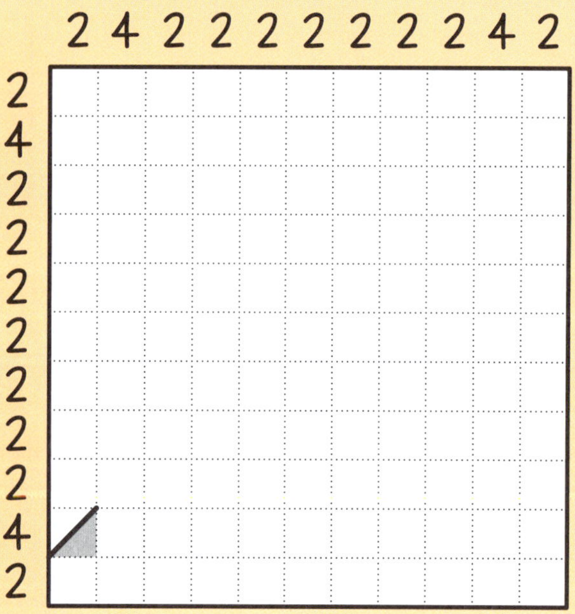

034 ♥
In der Weihnachtsbäckerei am Nordpol herrscht Hochbetrieb! Die Wichtel haben schon fleißig die Zutaten zusammengetragen, den Plätzchenteig angerührt und den Ofen angefeuert. Aber nanu? Eine entscheidende Sache fehlt noch! Hilf Wichtel Nummer 1 bei der Suche ...

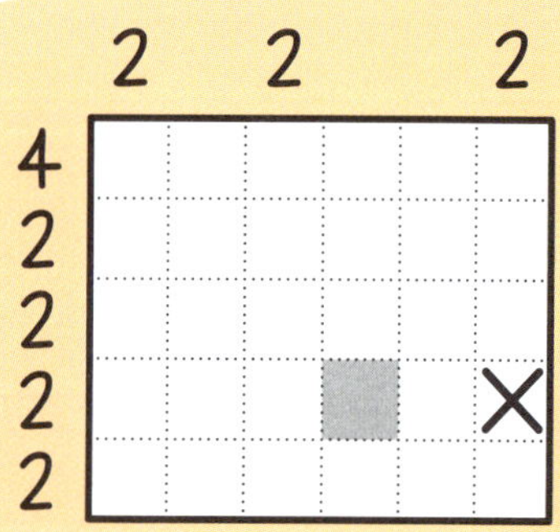

035 ♥
Der Teig ist ausgerollt und das Ausstechen kann beginnen. Wichtel Nummer 2 prescht vor. Mit welcher Ausstechform?

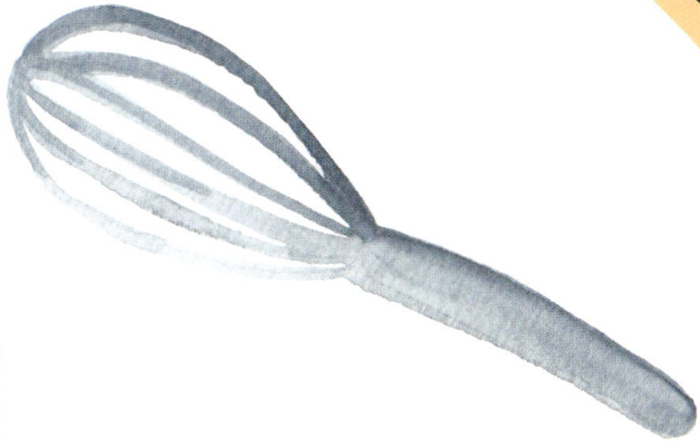

036 ♥

„So, nun bin ich dran!", ruft Wichtel Nummer 3 und zückt seine Ausstechform. Welche ist es?

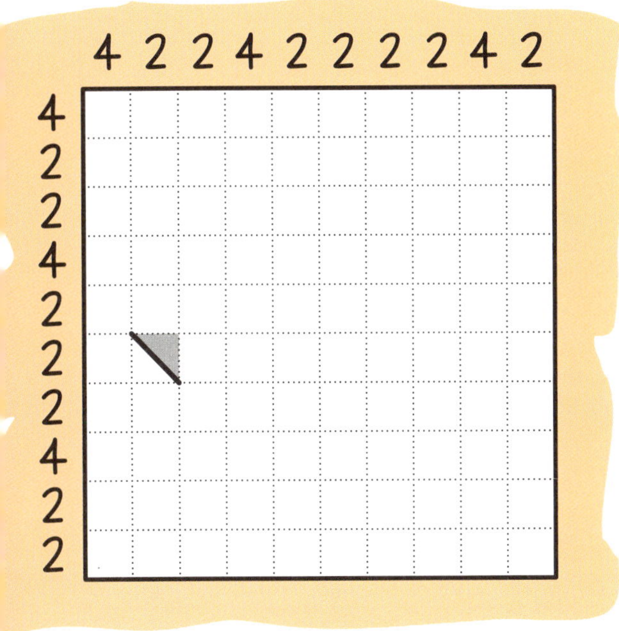

037 ♥

„Diese Form hier ist gaaanz wichtig", flötet Wichtel Nummer 4. Wie siehst du das?

038 ♥

„Süß, aber noch nicht süß genug!", entgegnet Wichtel Nummer 5 und macht sich mit seiner Form ans Werk. Wie ist sein Kommentar zu verstehen?

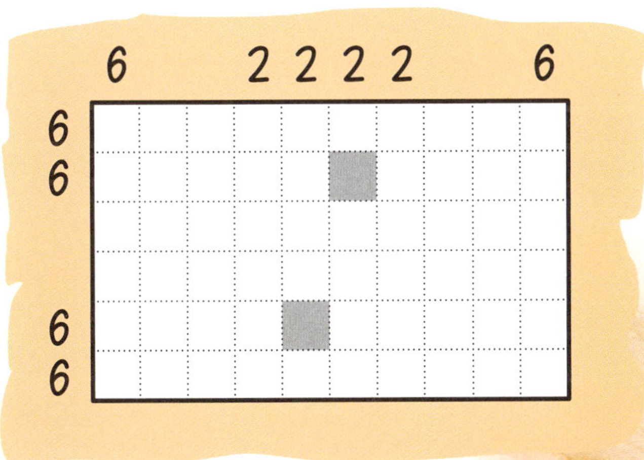

Auf der nächsten Seite geht's weiter...

039 ♥

„Kinderkram!", ruft Wichtel Nummer 6, schnappt sich das Messer und ritzt ein filigranes Motiv ein. Was stellt es dar?

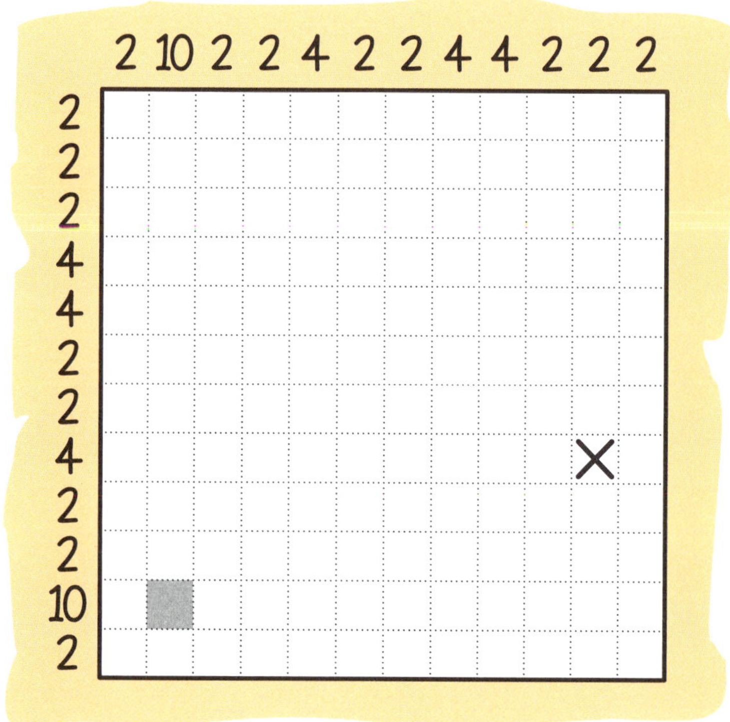

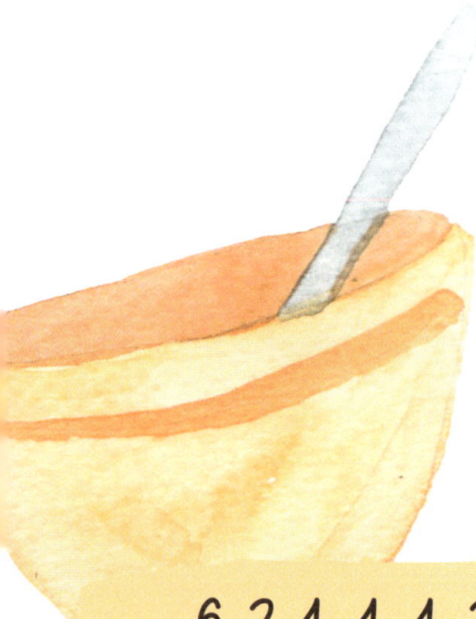

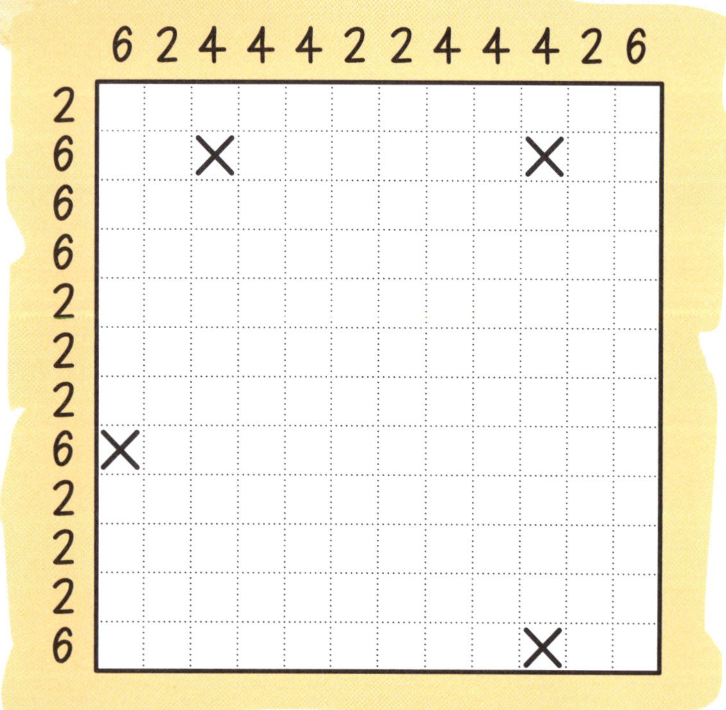

040 ♥♥

Wichtel Nummer 7 zeigt sich wenig begeistert von den Schnitzkünsten seines Vorgängers und präsentiert seine Version des Ganzen.

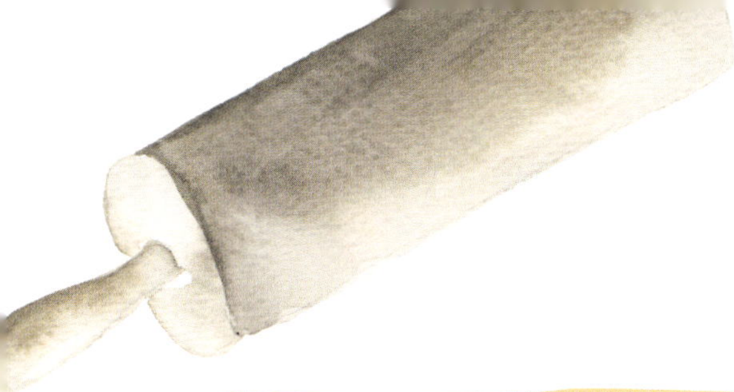

041 ♥♥

Der Teig ist schon fast aufgebraucht, da kommt der Weihnachtsmann zur Tür hereingeschneit. Sein verschmitzter Kommentar zu Wichtel 6 und 7: „Der eine Engel sieht eher aus wie ein Totem und der andere eher wie ein Vogel. Sehr kreativ!“ Sodann zieht er eine große Ausstechform aus seiner Manteltasche, drückt sie in den letzten Rest vom Teig und nickt zufrieden. Was steckt dahinter?

Bald darauf erfüllt herrlicher Plätzchenduft die Backstube. Die Wichtel stehen in langer Schlange wieder und wieder zum Probieren an. Der Weihnachtsmann drückt ihnen die warmen Leckerbissen arglos in die Hand und staunt nicht schlecht, als die Dose plötzlich leer ist. „Macht nichts“, rufen die Wichtel freudestrahlend und mit vollen Backen, „alles nochmal von vorne!“ Ernsthaft? Na dann los...

Schneeflocke

Trage die nachfolgenden Wörter so in das Diagramm ein, dass jedes Wort genau einmal vorkommt. Die Wörter dürfen dabei vorwärts oder rückwärts geschrieben werden.

3: ARM, AST, EIS, HOF, INN, TOR

4: ACHT, AUCH, BOOT, DREI, ECHT, ELCH, FARN, FRAU, GABE, GLAS, GRAL, IGEL, IGLU, INGA, LILA, MEER, SIEB, VIER

042 ♥

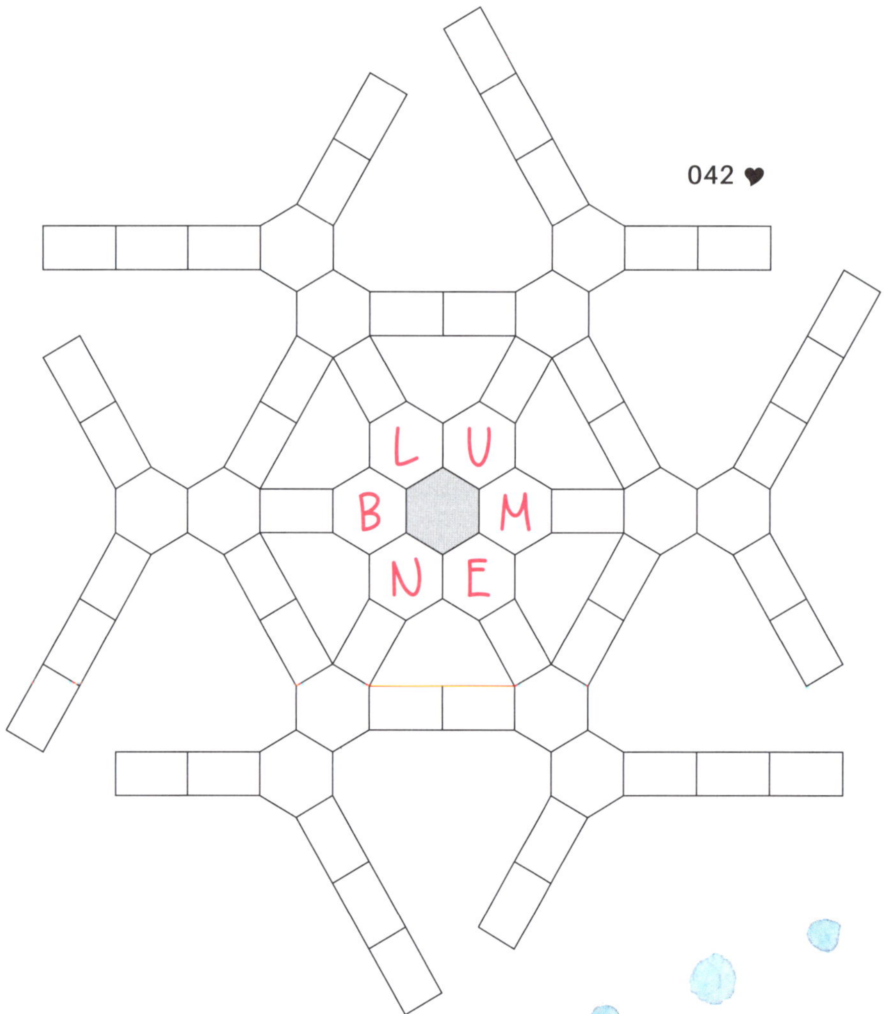

Weihnachtsgeschenke

Die vier Kindergartenkinder vom Frosthügel haben sich zu Weihnachten jeder ein anderes teures Elektronikgerät gewünscht, was sie aber nicht bekommen haben. Jedes Kind hat etwas anderes bekommen. Aus den Gesprächen der vier Kinder kann die Erzieherin Folgendes heraushören:

1 Timm hat weder die Bauklötze noch das Brettspiel bekommen. | **2** Ben hat weder das Tablet gewollt noch die Bauklötze bekommen und Marja wollte einen Computer haben. | **3** Weder das Kind, das den Computer haben wollte, noch das Kind, das das Handy haben wollte, hat das Brettspiel oder das Bastelset bekommen. | **4** Das Kind, das die Bauklötze bekommen hat, wollte keinen Computer.

Wer wollte die Playstation, wer hat ein Bilderbuch bekommen und was wollte Joline?

043 ♥

		Wunsch				Geschenk			
		Tablet	Computer	Handy	Playstation	Bauklötze	Brettspiel	Bastelset	Bilderbuch
Name	Timm								
	Ben								
	Marja								
	Joline								
Geschenk	Bauklötze								
	Brettspiel								
	Bastelset								
	Bilderbuch								

Sternbilder

Zerlege das Diagramm entlang der Gitterlinien in Gebiete. Jedes Gebiet muss genau einen Kreis enthalten und punktsymmetrisch bezüglich dieses Kreises sein. Färbe dann alle Gebiete mit einem schwarzen Punkt, um ein Lösungsbild zu finden.

044♥

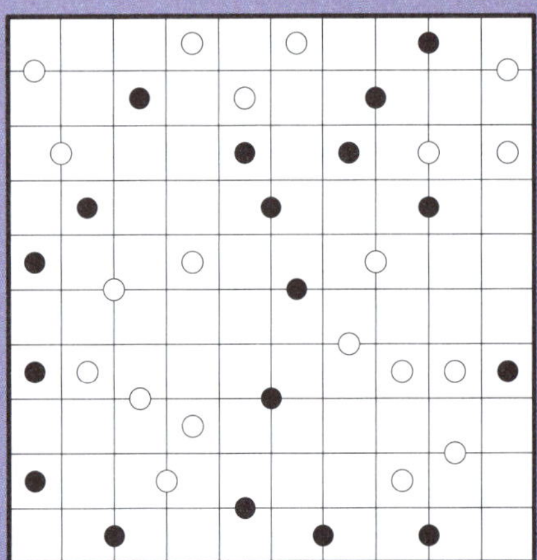

045♥

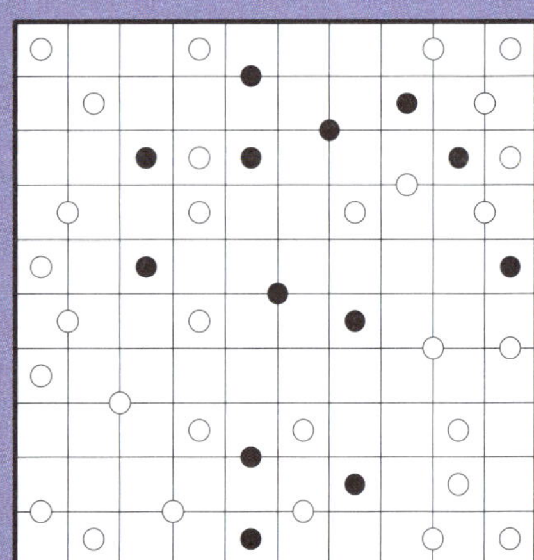

046 ♥

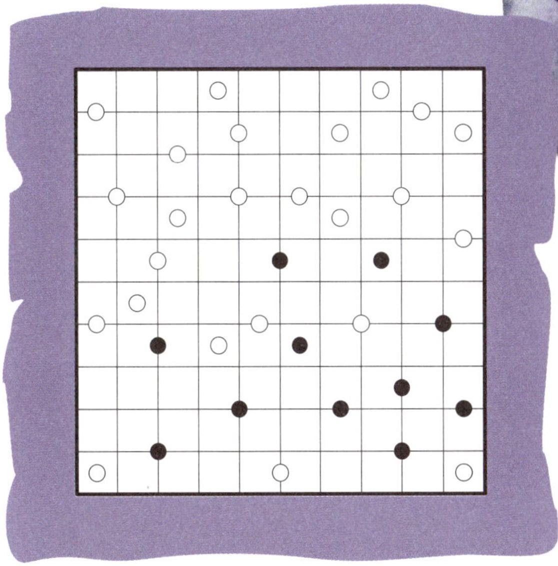

047 ♥

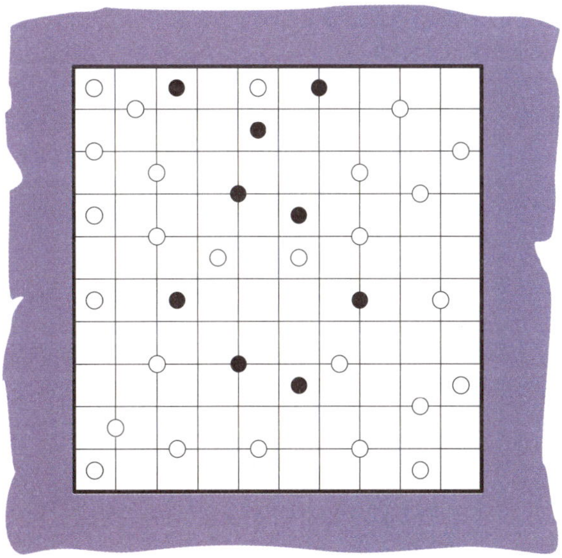

Geschenke verteilen

Trage in einige Felder Geschenke so ein, dass sich in jeder Zeile und jeder Spalte je zwei Geschenke befinden. Trage dann in alle anderen Felder Zahlen von 1 bis 5 so ein, dass sich in jeder Zeile und jeder Spalte jede Zahl genau einmal befindet. Die Zahlen am Rand geben dabei die Summe der Zahlen an, die sich zwischen den beiden Geschenken befinden.

048 ♥

	1	12	15	1	1		
12							
15					5		
9							
5						5	
	5						
2							

049 ♥♥

	3	3	2	12	4		13
10							
9	3						
12							
8							
10			4				

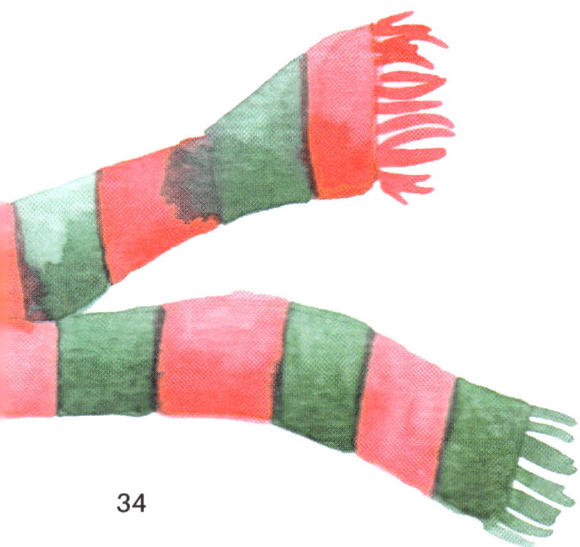

050 ♥♥

		1	3	7	1	3	14
1							
5							
7							
1							
9							
14							
2							

051 ♥♥♥

		14	14	4			2
10	5						
3							
8							
12							
12							
2							

Lichterketten

Zeichne den Verlauf des Stromkabels ein. Dieses bildet einen Rundweg, der durch alle Felder mit Kerzen hindurchgeht. Die Teilstrecken des Kabels verlaufen waagerecht und senkrecht von Feldmittelpunkt zu Feldmittelpunkt. In Feldern mit einer roten Kerze muss das Kabel im 90°-Winkel abbiegen und durch die beiden Felder davor und danach geradeaus hindurchgehen. Durch Felder mit einer weißen Kerze muss das Kabel geradeaus hindurchgehen und in mindestens einem der Felder davor und danach im 90°-Winkel abbiegen. Das Kabel darf durch kein Feld mehrmals hindurchgehen.

052 ♥

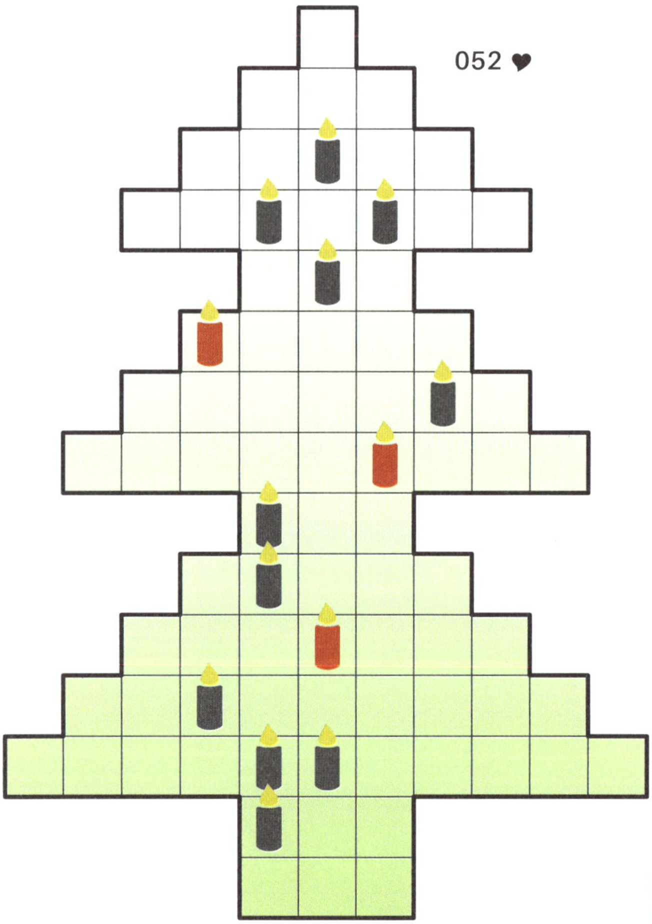

053 ♥

055 ♥♥

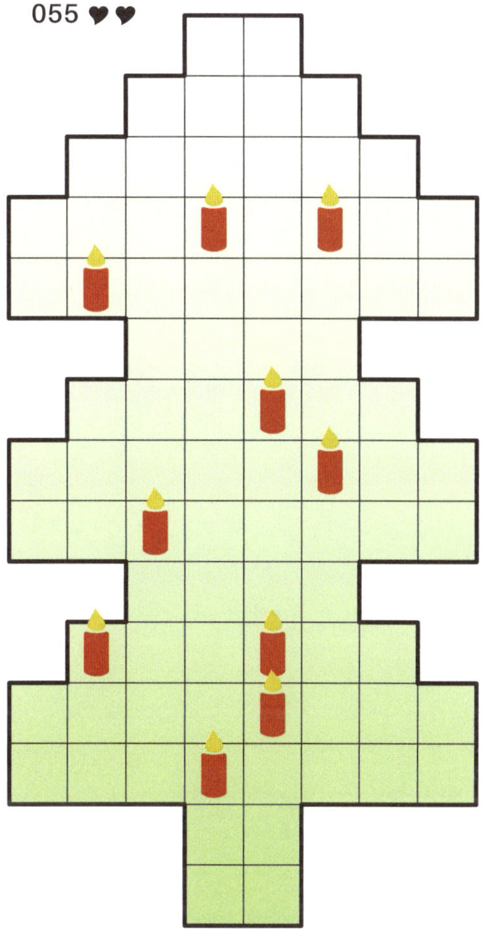

054 ♥♥♥

Geschenke-Wirrwarr

Finde den Weg durch das Labyrinth.

056 ♥

Wörterwusel

Die nachfolgend aufgelisteten Wörter sind waagerecht, senkrecht, diagonal sowie vorwärts oder rückwärts geschrieben im Diagramm versteckt. Wenn du alle Wörter gefunden hast, ergeben die verbleibenden Buchstaben zeilenweise ein Lösungswort.

FERIENTAG, FRUCHT, GEBURT, GESCHENKE, GLOCKEN, HEFT, HOLUNDER, LEBKUCHEN, POSAUNEN, PROZEDUR, RASCHELN, RUPRECHT, TANNENBAUM, ZAPFEN

057 ♥

M	U	A	B	N	E	N	N	A	T
G	R	E	D	N	U	L	O	H	L
A	E	N	W	E	E	I	E	E	R
T	N	S	E	H	H	F	B	U	U
N	N	E	C	N	T	K	P	A	D
E	C	S	K	H	U	R	H	A	E
I	A	T	C	C	E	A	S	K	Z
R	A	U	H	C	O	N	S	R	O
E	R	E	H	T	E	L	K	O	R
F	N	T	R	U	B	E	G	E	P

LÖSUNGSWORT: ....

Winterspaziergang

Nach dem großen Weihnachtsessen heißt es nun hübsch ab nach draußen, sich die Beine vertreten.
Welche Route wird jeweils gewählt?

Zeichne entlang der gepunkteten Linien einen geschlossenen Weg ein, wobei nicht alle Gitterpunkte durchlaufen werden müssen. Die Zahlen in den Feldern geben an, wie viele der benachbarten Kanten für den Weg verwendet werden. Der Weg darf sich nicht selbst kreuzen oder berühren.

058 ♥

059 ♥♥

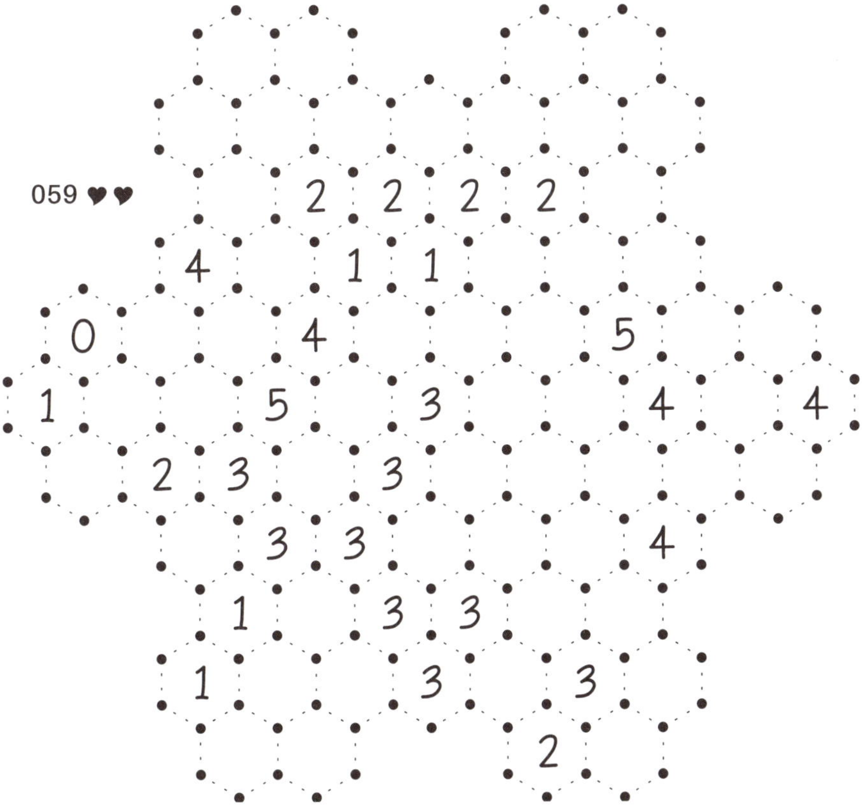
2 2 2 2
4 1 1
0 4 5
1 5 3 4 4
2 3 3
3 3 4
1 3 3
1 3 3
2

060 ♥♥♥

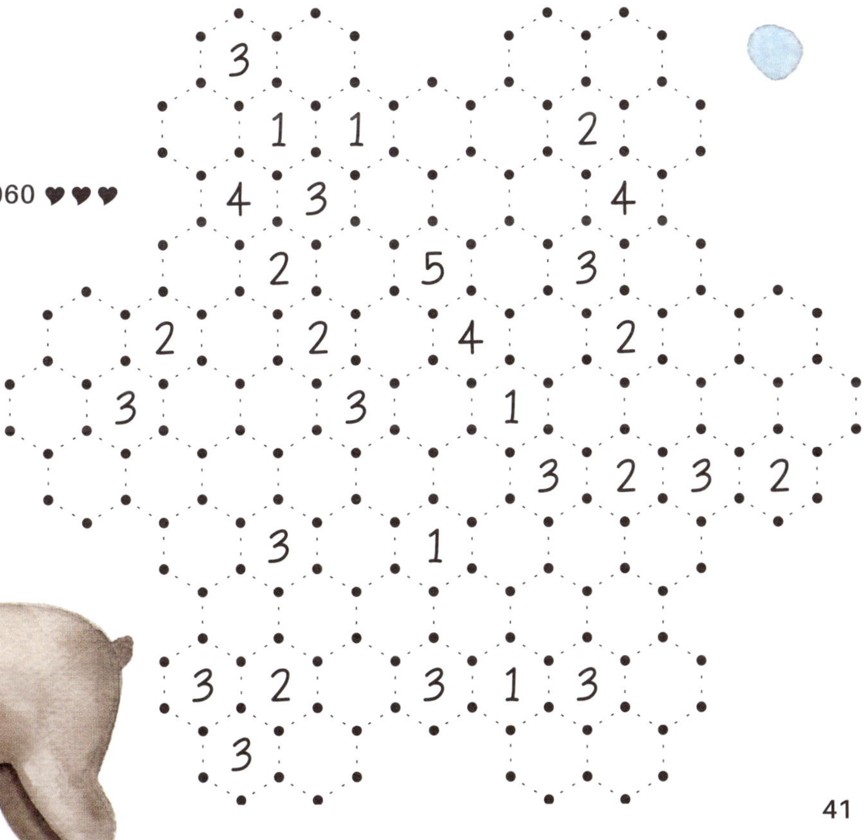
3
1 1 2
4 3 4
2 5 3
2 2 4 2
3 3 1
3 2 3 2
3 1
3 2 3 1 3
3

Geschenkewald

Trage waagerecht oder senkrecht neben jedem Baum ein Geschenk ein, das zu diesem Baum gehört. Die Geschenke dürfen sich dabei nicht berühren, auch nicht diagonal. Die Zahlen am Rand geben an, wie viele Geschenke sich in der entsprechenden Zeile oder Spalte befinden.

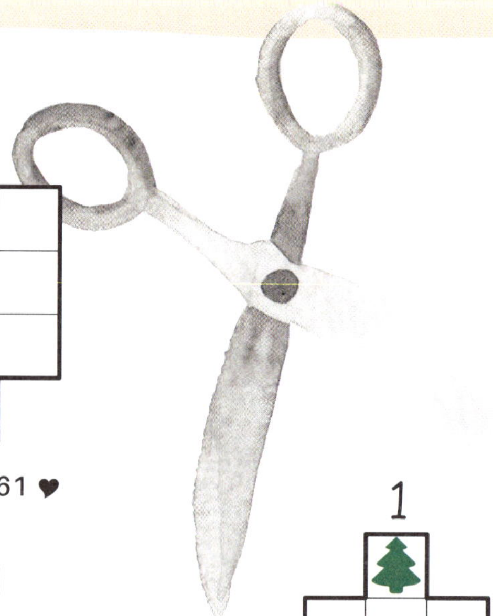

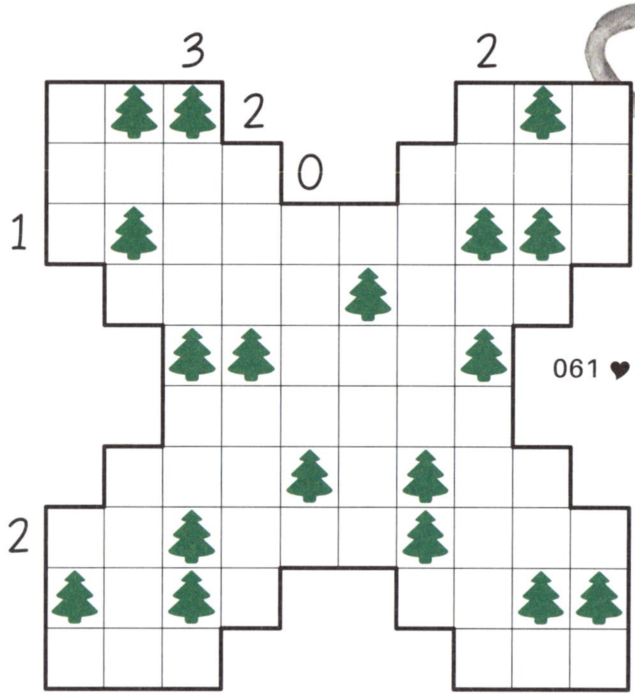

061 ♥

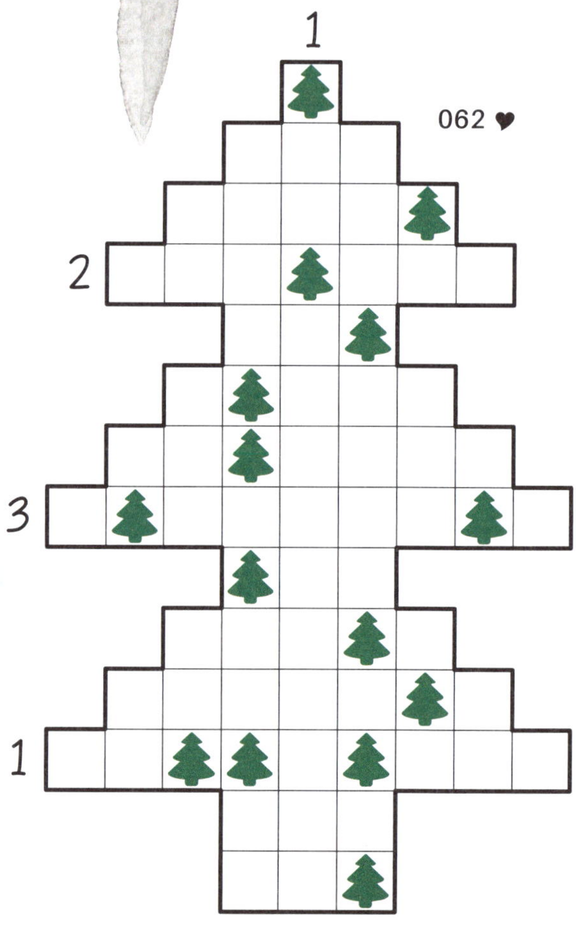

062 ♥

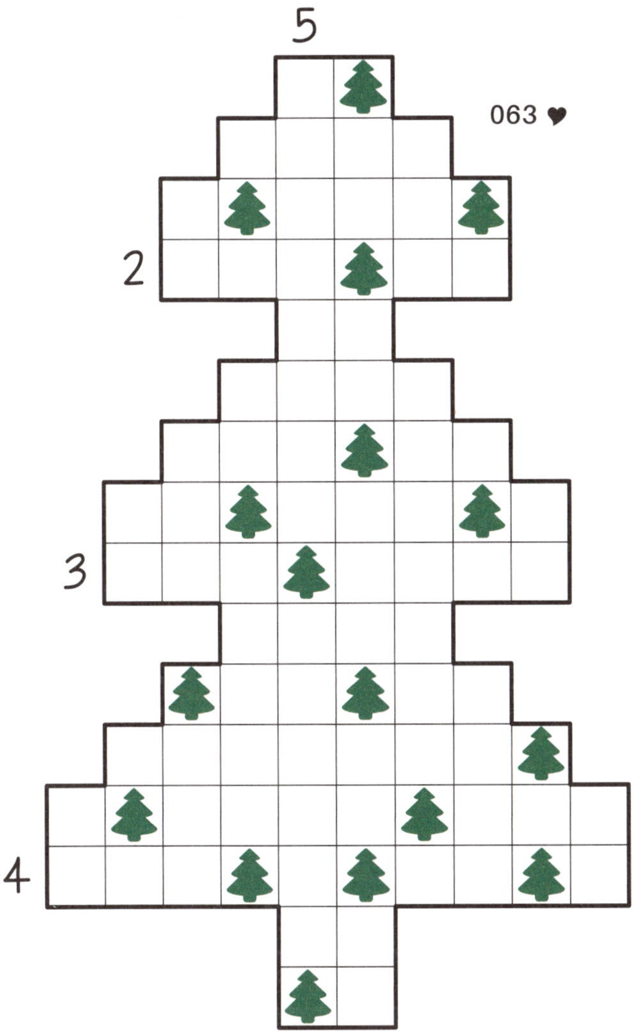

063 ♥

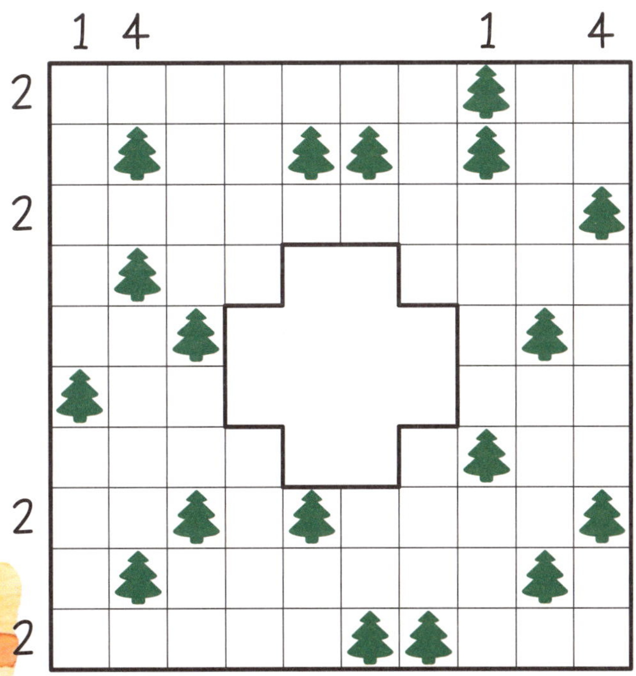

064 ♥

Wortwechsel

Leite das gesuchte Lösungswort aus den bereits aufgelisteten Wörtern ab. Die grünen Zahlen geben an, wie viele Buchstaben des nebenstehenden Wortes an der richtigen Stelle im Lösungswort vorkommen. Die blauen Zahlen geben an, wie viele Buchstaben des nebenstehenden Wortes zwar im Lösungswort vorkommen, aber an anderer Stelle stehen.

065 ♥

T O R	1	0
A L M	0	2
H U T	0	1
M U H	0	0
	3	0

066 ♥

L I E B	3	0
B U N T	0	0
K I N D	2	0
	4	0

067 ♥♥

J O S E F	0	2
H I R T E	0	3
S O H N E	1	2
S T R O H	2	1
O S T E N	1	3
	5	0

Schneeflocke

Trage die nachfolgenden Wörter so in das Diagramm ein, dass jedes Wort genau einmal vorkommt. Die Wörter dürfen dabei vorwärts oder rückwärts geschrieben werden.

4: AMOR, AUTO, BAUM, BIER, ECHO, FREI, GOTT, MAMA, REDE, SAGE, WABE, WEIN

5: AHORN, FAHRT, GÄSTE, GLÜCK, HELGA, HIRTE, KREIS, SCHAF, STERN, TORTE, WACHS, WEIDE

068 ♥

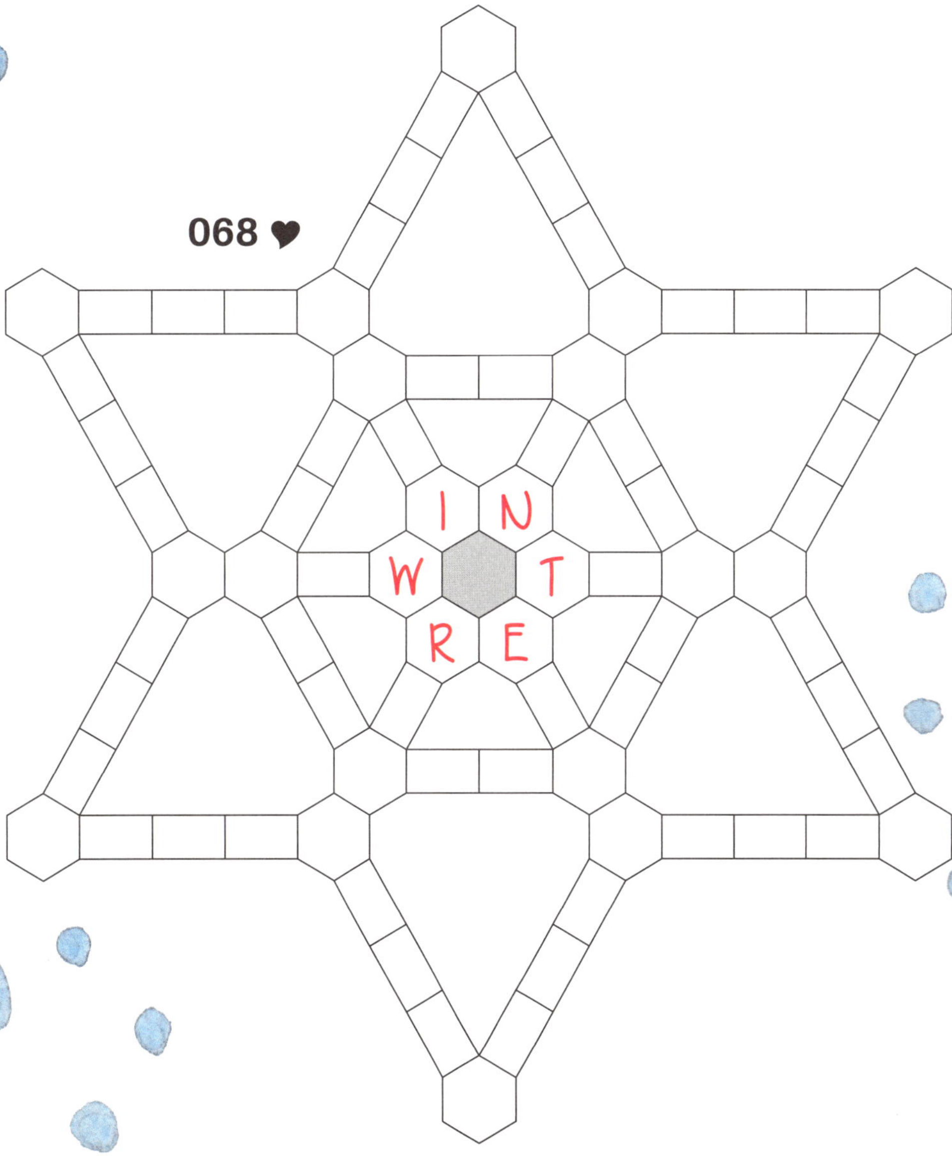

Doppelstern

Sternennacht

Trage in das Diagramm Sterne so ein, dass sich in jeder Zeile, jeder Spalte und jedem fett umrandeten Gebiet genau zwei Sterne befinden. Die Sterne haben jeweils die Größe eines Kästchens und dürfen einander nicht berühren, auch nicht diagonal.

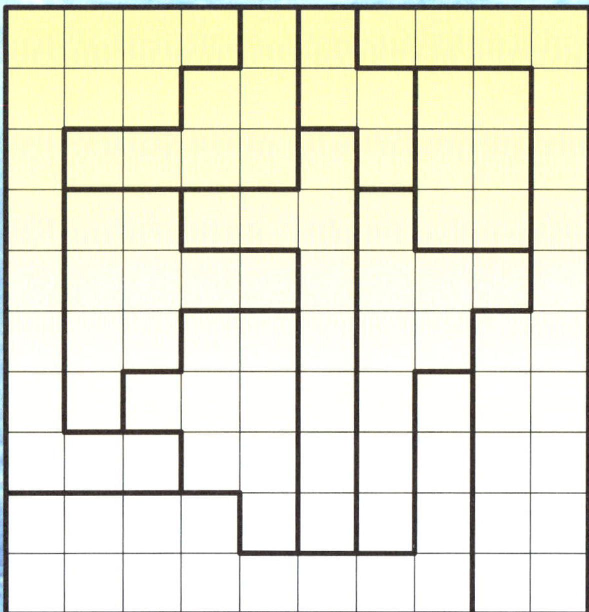

069 ♥

070 ♥

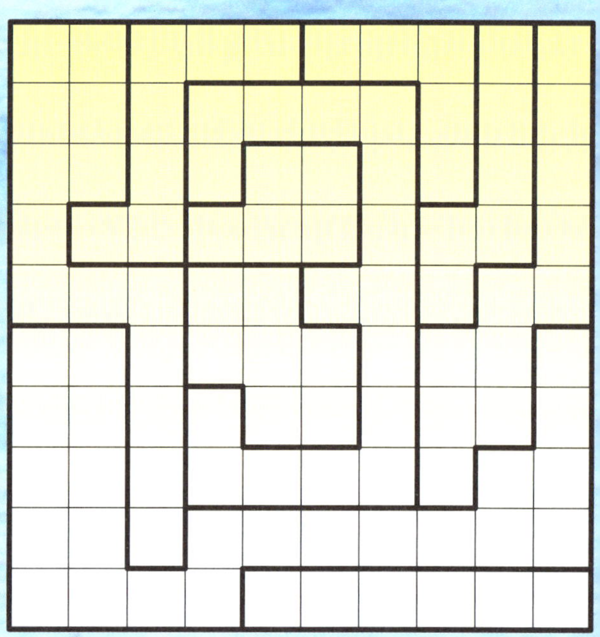

071 ♥♥

072 ♥♥♥

Wichtelworte

Ordne den Buchstaben die Zahlen von 1 bis 9 (Rätsel 1 bis 4) bzw. von 1 bis 10 (Rätsel 5) so zu, dass jeder Buchstabe einer anderen Zahl entspricht. Die Summe der Buchstaben der aufgelisteten Wörter entspricht dabei der jeweils nebenstehenden Summe. Buchstaben, die mehrfach in einem Wort vorkommen, gehen auch entsprechend mehrfach in die Summe ein.

073 ♥

ROTE 15
KERZEN .. 17
MIT 24
ZIMT 30
RENTIER .. 26

E	I	K	M	N	O	R	T	Z

074 ♥

IN 16
DER 8
ANTARKTIS .. 52
SIND 19
SKIER 26
NETT 22

A	D	E	I	K	N	R	S	T

075 ♥♥

IN 6
EINEM 19
IGLU 17
LIEGT 30
EIN 11
MUTIGER .. 35
INUIT 18

E	I	N	U	T	M	G	L	R

076 ♥♥

NEUE 7
LANG 17
LAUF 19
LOIPEN 34
PINGUINE .. 39

A	E	F	G	I	L	N	O	P	U

Geschenke einpacken

Geschenkpapier mit Pfiff: Erst wenn die Beschenkten das jeweils aufgedruckte Rätsel gelöst haben, dürfen sie ihre Geschenkebox auspacken. Also dann: **Wie verlaufen die Rundwege?**

Zeichne entlang der gepunkteten Linien einen geschlossenen Weg ein, wobei nicht alle Gitterpunkte durchlaufen werden müssen. Die Zahlen in den Feldern geben an, wie viele der benachbarten Kanten für den Weg verwendet werden. Der Weg darf sich nicht selbst kreuzen oder berühren.

077 ♥

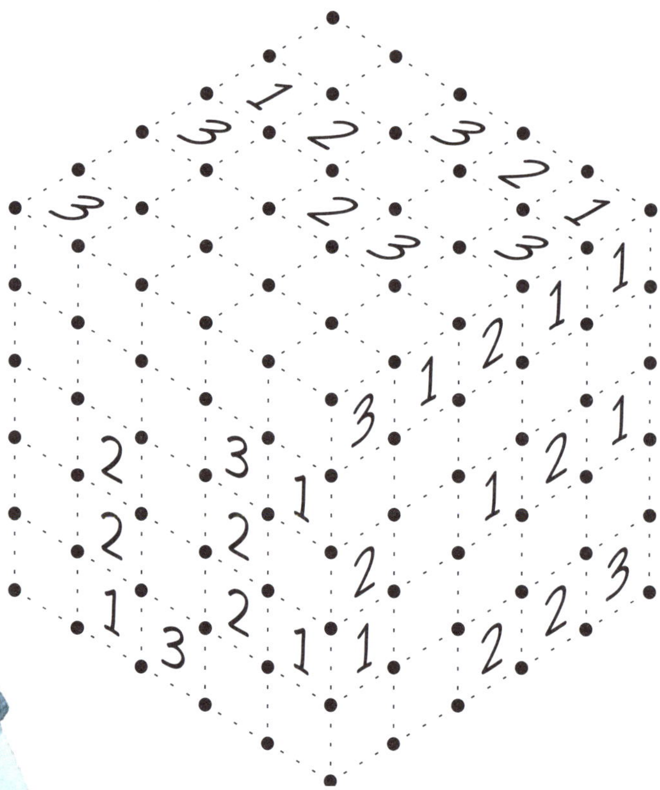

078 ♥♥

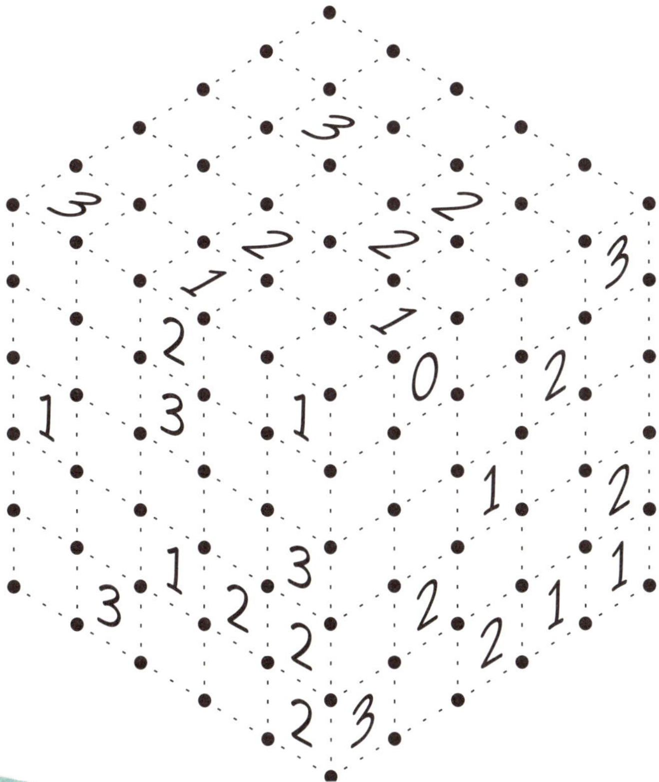

079 ♥♥♥

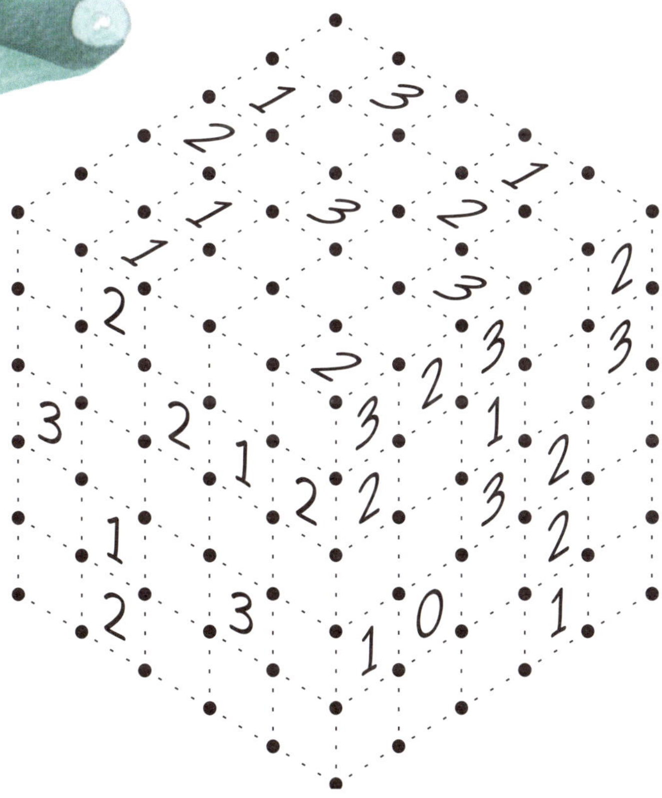

Bekanntschaften

Sonja hat im Urlaub vier nette Männer kennengelernt, die alle Wintersportler sind, jeder in einer anderen Disziplin. Zudem hat sie jeden an einem anderen Ort kennengelernt und jeder hat auch noch ein gefährliches Hobby.

1 Robin ist kein Bergsteiger und auch kein Tiefseetaucher. | **2** Den Bergsteiger hat Sonja nicht im Aufzug kennengelernt. | **3** Falko macht keinen Riesenslalom und weder Ufuk noch Robin hat Sonja am Pool kennengelernt. | **4** Auch Sean hat sie nicht am Pool kennengelernt. | **5** Ufuk ist nicht der Bergsteiger und den Mann mit dem Riesenslalom hat sie nicht in der Sauna kennengelernt. | **6** Weder der Bergsteiger noch Ufuk sind Biathleten. | **7** Der Skispringer hat als Hobby nicht Bergsteigen und Ufuk ist kein Tiefseetaucher. | **8** Der Herr, den Sonja im Aufzug kennengelernt hat, macht weder Motorradrennen noch Fallschirmspringen. | **9** Der Mann, der die Motorradrennen fährt, ist weder Biathlet noch fährt er Riesenslalom. | **10** Der Skispringer ist nicht Ufuk.

Wen hat Sonja an der Hotelbar kennengelernt? Und wer ist der Eiskunstläufer?

	080 ♥♥	Disziplin				Hobby				Ort			
		Eiskunstlauf	Riesenslalom	Skispringen	Biathlon	Fallschirmspringen	Motorradrennen	Bergsteigen	Tiefsee tauchen	Sauna	Hotelbar	Pool	Aufzug
Name	Falko												
	Robin												
	Sean												
	Ufuk												
Ort	Sauna												
	Hotelbar												
	Pool												
	Aufzug												
Hobby	Fallschirmspringen												
	Motorradrennen												
	Bergsteigen												
	Tiefsee tauchen												

Querdenker

Löse das Kreuzworträtsel mit den nachfolgenden Hinweisen:

Waagerecht

1 Der stand auch neben der Krippe.
5 Ohne den käme der Weihnachtsbraten wohl aus der Tiefkühlpackung.
8 Ausgestorbene, näher an 24-waagerecht als an 22-waagerecht
10 Also das kommt vor dem Sum.
12 Abkürzung für ein libanesisches Geflügel
13 Anrede oder halber gelber Käfer
14 Unkonventionelle Abkürzung für einen Geistesblitz oder konventionelle Abkürzung für ein Schreibprogramm
15 Jahresendschauspieler
17 Bericht, zum Beispiel aus 22-waagerecht oder manchmal auch aus 24-waagerecht
19 Wenn man Plätzchen lang genug schüttelt, kann man sie auch gleich abwracken.
22 Westasiatisches, verwackeltes Relais
24 Ohne Dach endet auto in dieser Stadt.
25 Gemäßes Zuhause
26 Wenn da noch was raus kommt, ist das voll daneben.
27 Schlafplatz für 7-senkrecht
28 Nicht sonderlich reichliche Marmor-Zutat

Senkrecht

1 Wessen der Knopf ist, nachdem selbiger benannt
2 Verkehrte Welt? Miht oder ...
3 Rothauthaut in der Fiskalpolitik
4 Kommt direkt nach 15-waagerecht
5 Edle Glitzerdinge mit Krippenfundort drin
6 Kommunikationskonvention für Verschlüsselungen
7 Ehre-Jauchzer aus dem Himmel
9 Beginnt in der Vorweihnachtszeit, ist aber eher Rechtsgehilfe
11 Um das zu spielen, braucht man in der Regel 28-waagerecht doppelt.
16 Alte englische Zustimmung
18 Die fehlen bei der Djungle-Feier niemals, angeblich
19 Kurzform des Paradies der Bücherwürmer
20 Die arbeitet auf einem Schiff oder in einem Flugzeug.
21 Für 9-senkrecht ist das ein Gesetz.
23 Existentialistische Aufforderung, die man erhält, wenn man 13-waagerecht höflich schüttelt

081 ♥♥

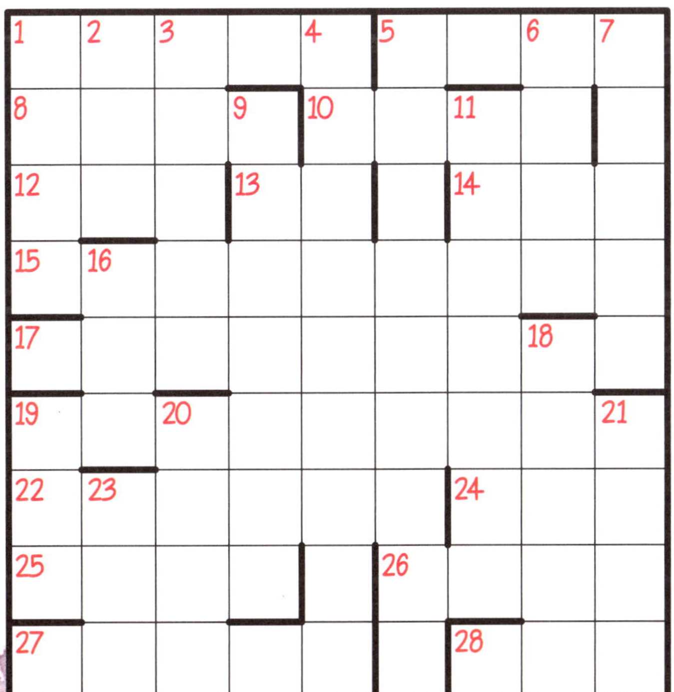

Wunschzettel

Zeichne in die nachfolgenden Raster jeweils einen geschlossenen Weg ein, der ausschließlich **diagonal** zwischen den Schnittpunkten des Rasters verläuft. Der Weg darf sich nicht selbst kreuzen oder berühren. Die Zahlen am Rand geben an, wie viele Rasterkästchen der Weg in der jeweiligen Zeile bzw. Spalte diagonal durchläuft. Der Innenbereich des Weges ist auszumalen bzw. zu schwärzen. Mitunter geben Voreinträge Hinweise zum Wegverlauf:

Leerfeld / Außenbereich

Teilstrecke des Weges mit Zuordnung von Innenbereich (Grau) und Außenbereich (Weiß)

Innenbereich des Weges

Nur noch vier Wochen bis Heiligabend – höchste Zeit, die Wunschzettel zu verfassen!
Bibi und Leo können leider beide noch nicht schreiben, doch Mama hat mal wieder die rettende Idee: „Wie wär's, wenn ihr dem Weihnachtsmann Eure Wünsche einfach aufmalt?"
Au ja! Zettel raus, Stifte gespitzt und los geht's... Finde heraus, was sich die Kinder wünschen!

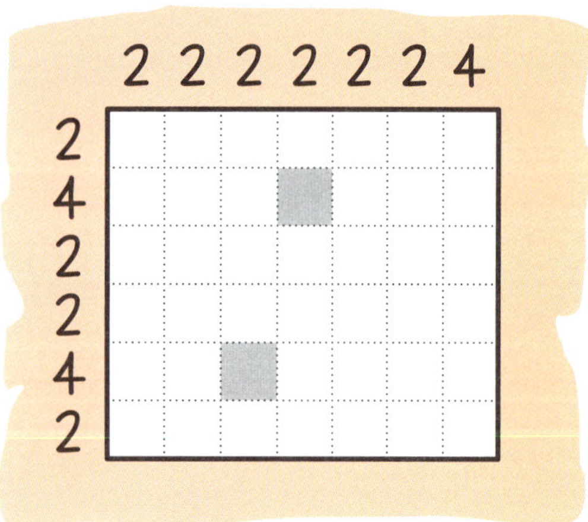

082 ♥

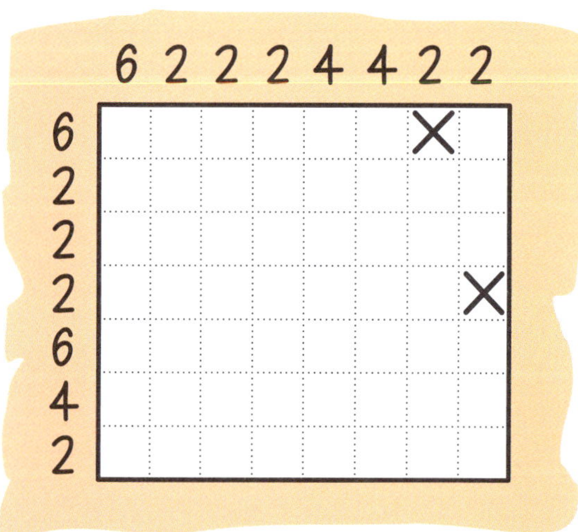

083 ♥

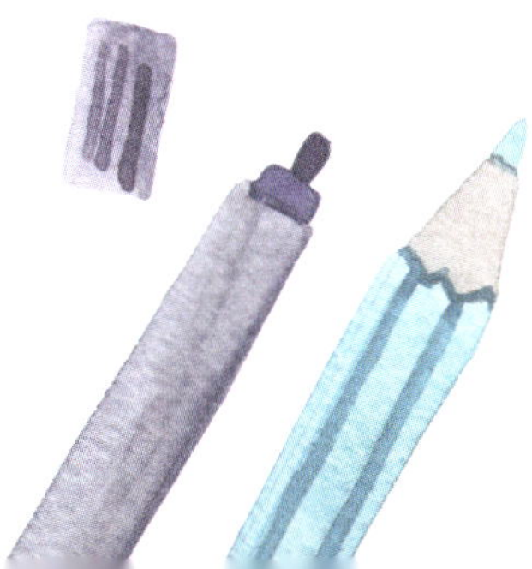

084 ♥

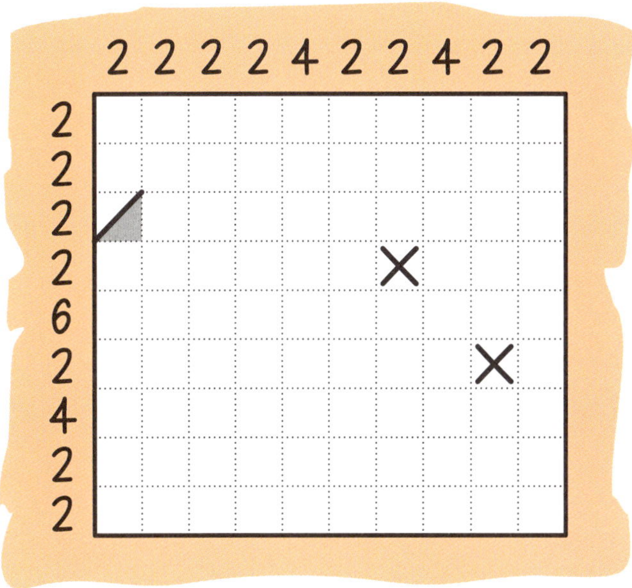

085 ♥♥

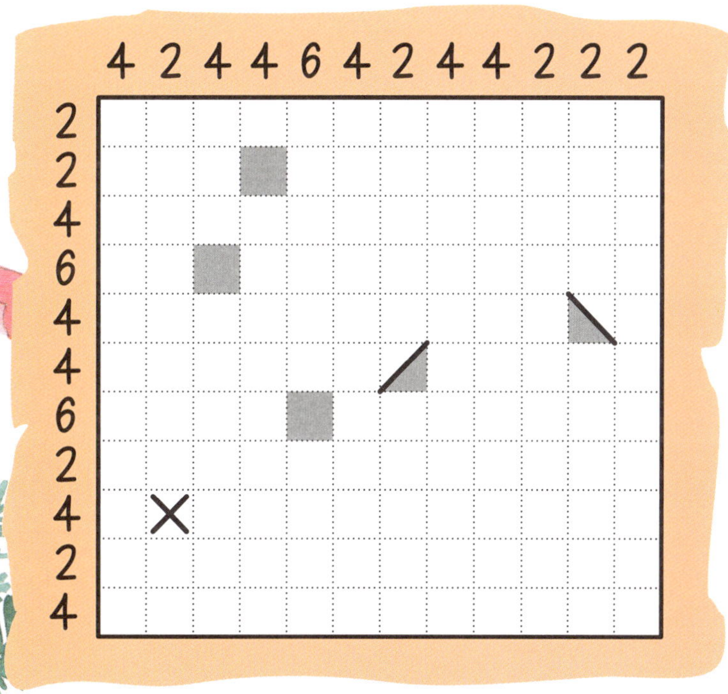

Auf der nächsten Seite geht's weiter...

086 ♥♥

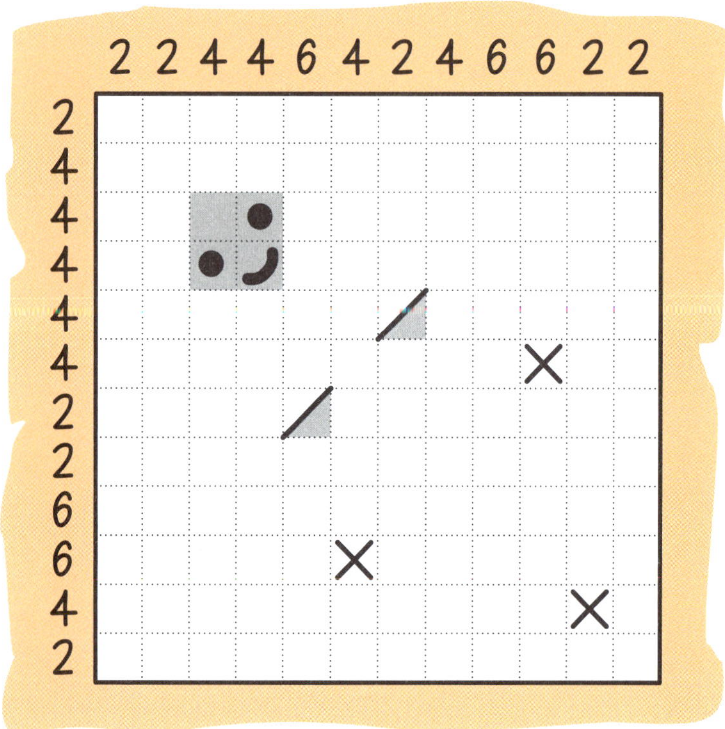
2 2 4 4 6 4 2 4 6 6 2 2
2
4
4
4
4
4
2
2
6
6
4
2

2 2 2 2 4 6 4 2 4 2 2 2 2 2
2
2
2
2
4
2
8
4
4
2
2
2
2

087 ♥♥♥

088 ♥♥♥

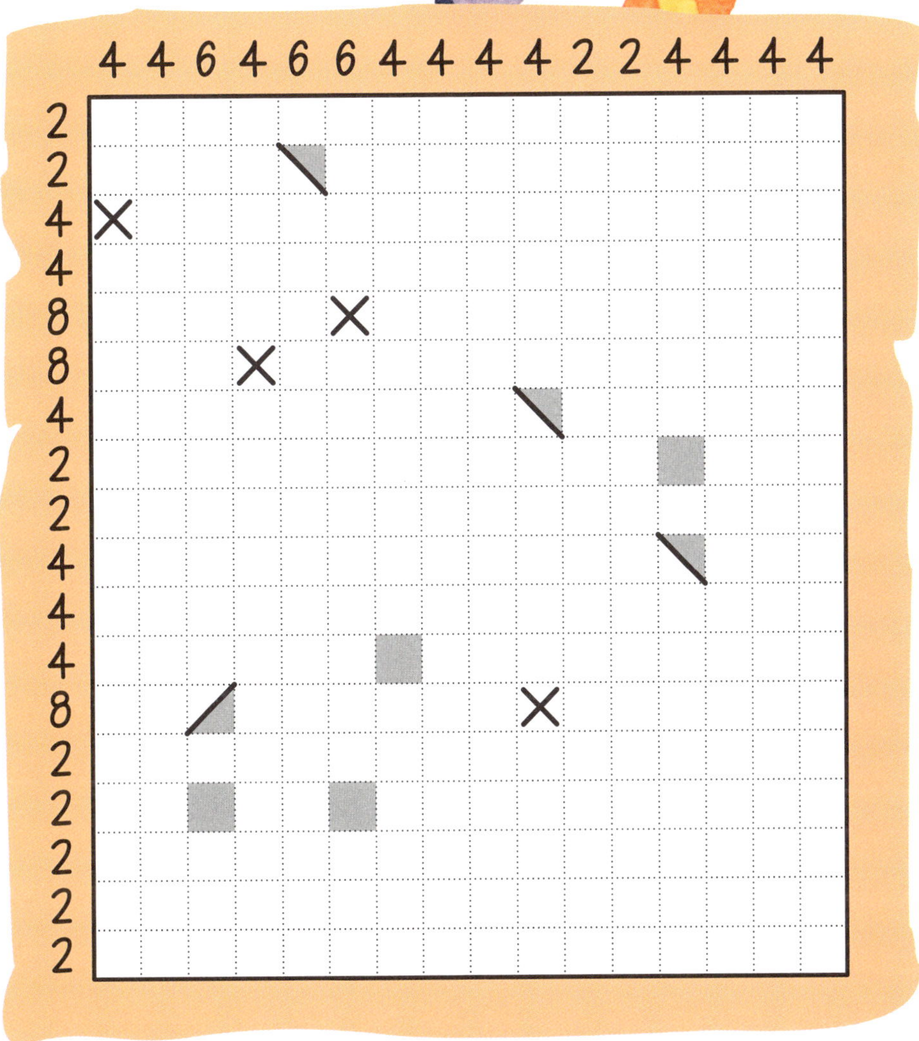

Nach getaner Arbeit lehnen sich Bibi und Leo zufrieden zurück und betrachten ihre kleinen Kunstwerke. Jetzt nur noch abschicken, immer hübsch artig bleiben und die große Bescherung kann kommen ...

Sternsinger

Auf welcher Route sind die Sternsinger in diesem Jahr unterwegs?

Zeichne entlang der gepunkteten Linien einen geschlossenen Weg ein, wobei nicht alle Gitterpunkte durchlaufen werden müssen. Die Zahlen in den Feldern geben an, wie viele der benachbarten Kanten für den Weg verwendet werden. Der Weg darf sich nicht selbst kreuzen oder berühren.

089 ♥

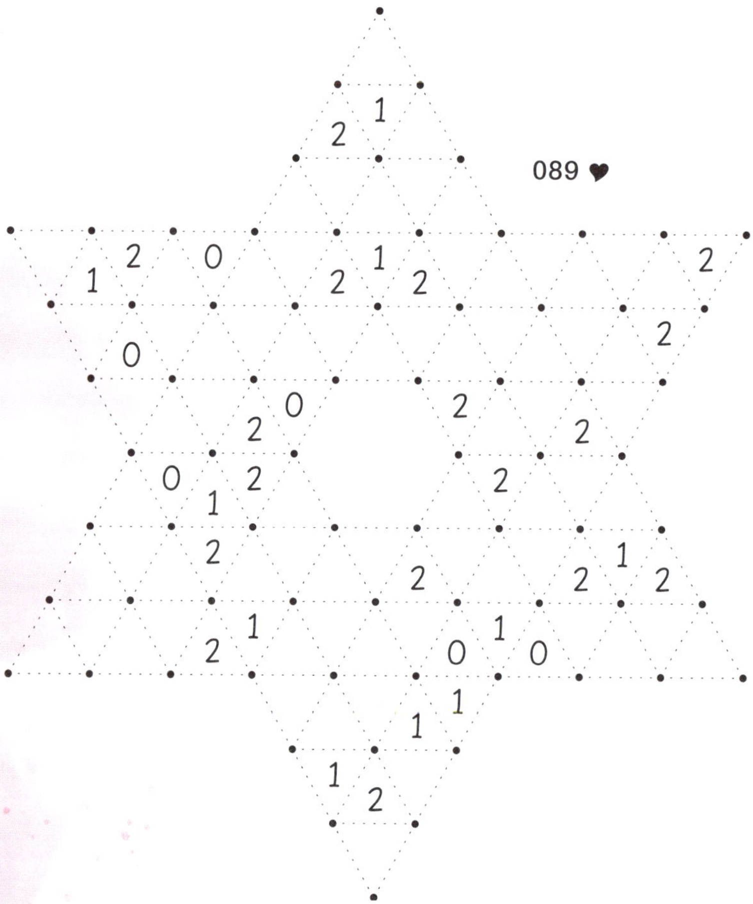

Kirchgänger

Finde den Weg durch das Labyrinth.

Stern-Sudoku

Schreibe die Zahlen von 1 bis 9 so in die Felder der Sterne, dass sich in jeder Reihe und jedem Gebiet jede der Zahlen von 1 bis 9 genau einmal befindet. Dabei zählen die Felder an den Spitzen zur nächstgelegenen Reihe dazu.

091 ♥

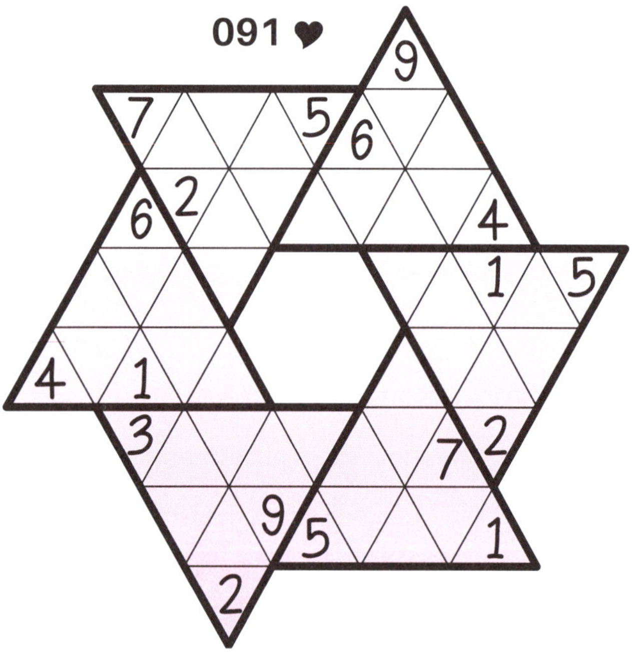

092 ♥♥

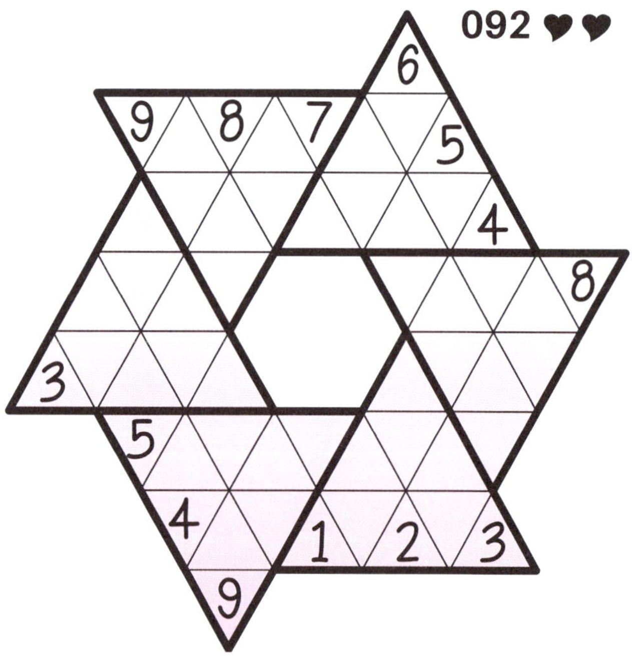

093 ❤❤

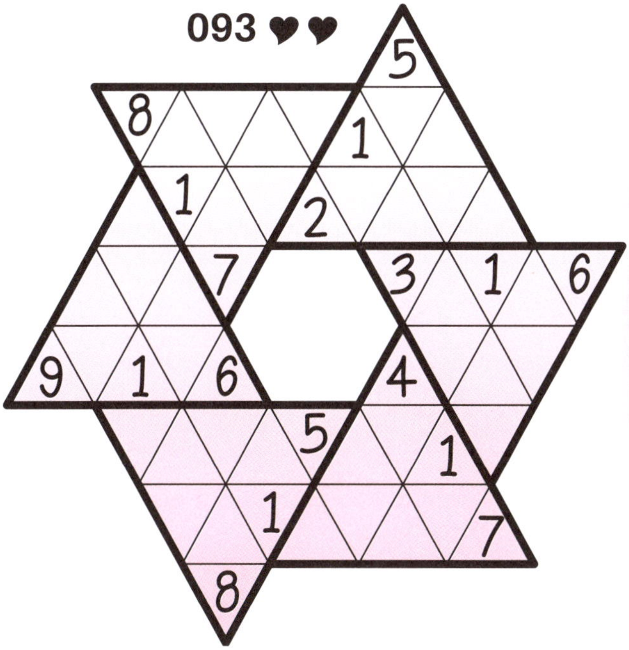

094 ❤❤❤

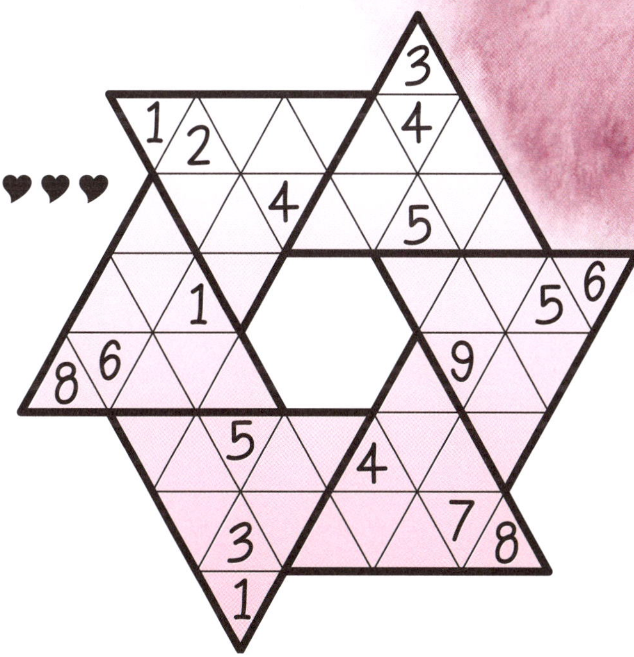

Schneeflocke

Trage die nachfolgenden Wörter so in das Diagramm ein, dass jedes Wort genau einmal vorkommt. Die Wörter dürfen dabei vorwärts oder rückwärts geschrieben werden.

4: CHIC, ESEL, ESTE, FELL, HAST, IBIS, IDEE, IREN, LUFT, NASS, NETT,TANZ

5: CHAOS, CLOWN, ERIKA, GABEL, GABEN, MAINZ, STEIN, TAFEL, TANNE, TITAN, TRAUM, ZEBRA

095 ♥

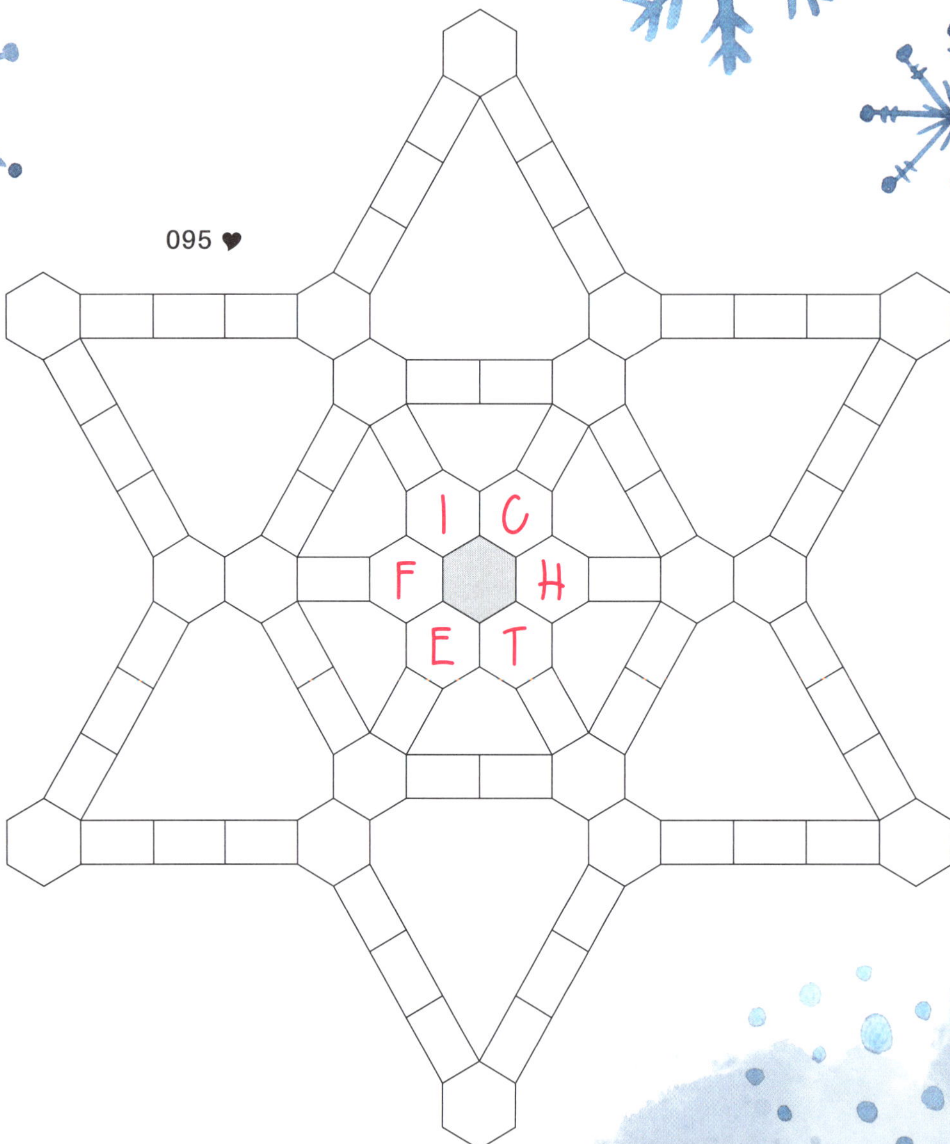

Wörterwusel

Die nachfolgend aufgelisteten Wörter sind waagerecht, senkrecht, diagonal sowie vorwärts oder rückwärts geschrieben im Diagramm versteckt. Wenn du alle Wörter gefunden hast, ergeben die verbleibenden Buchstaben zeilenweise ein Lösungswort.

AUGENBLICK, GABE, KARDAMOM, KEKS, KORIANDER, NELKEN, OBSTERNTE, ORANGE, PARFUM, PICKNICK, PIMENT, ROSMARIN, TAG, VANILLE, ZIMTSTANGE, ZITRONE

096 ♥

E	G	N	A	T	S	T	M	I	Z
S	R	A	T	N	E	M	I	P	S
T	K	E	B	A	N	E	R	A	M
N	A	E	D	E	G	N	A	R	O
P	I	C	K	N	I	C	K	F	M
E	L	L	I	N	A	V	N	U	A
I	E	N	O	R	T	I	Z	M	D
N	I	R	A	M	S	O	R	S	R
E	T	N	R	E	T	S	B	O	A
A	U	G	E	N	B	L	I	C	K

LÖSUNGSWORt: ....

Sternbilder

Zerlege das Diagramm entlang der Gitterlinien in Gebiete. Jedes Gebiet muss genau einen Kreis enthalten und punktsymmetrisch bezüglich dieses Kreises sein. Färbe dann alle Gebiete mit einem schwarzen Punkt, um ein Lösungsbild zu finden.

097 ♥♥

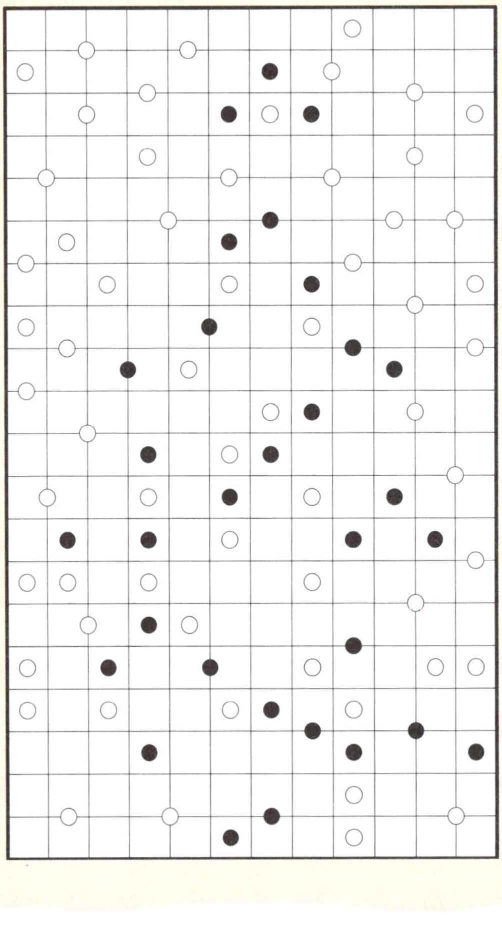

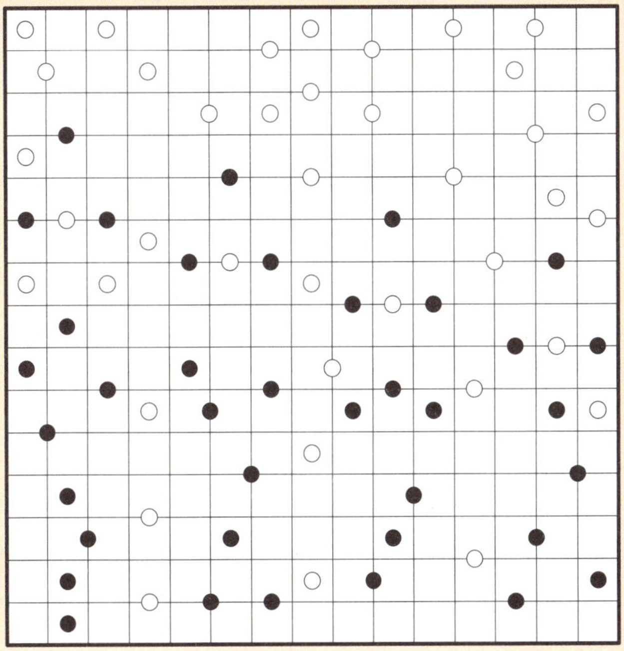

098 ♥♥

099 ♥♥♥

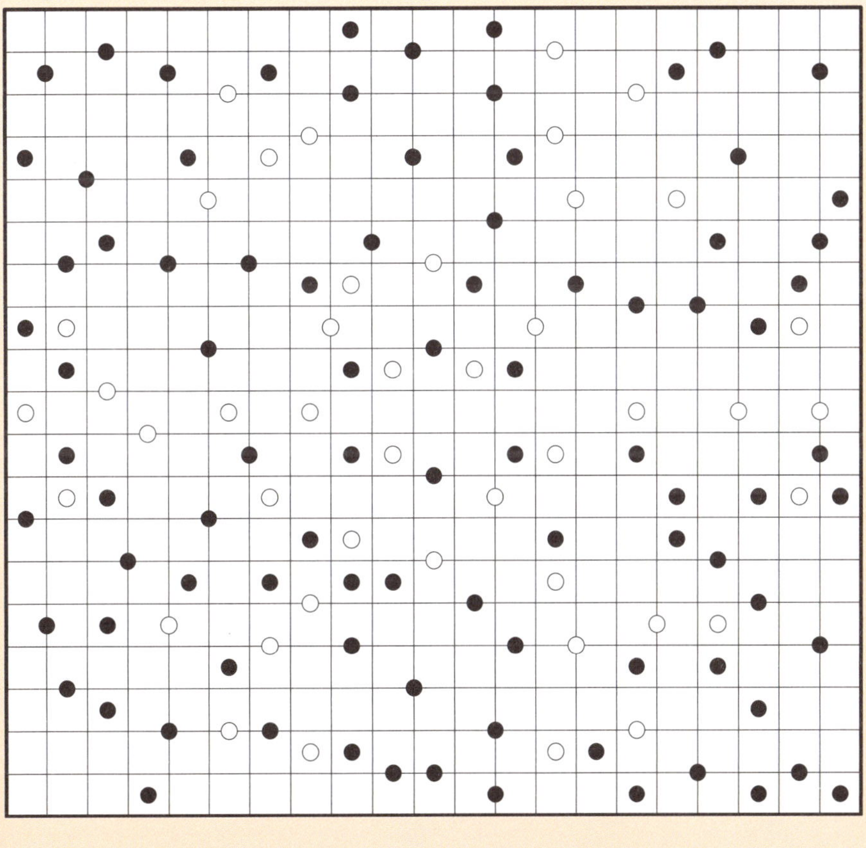

Schneegestöber

Der Skiort Mawos ist komplett eingeschneit. Man kann noch nicht einmal mehr die Häuser erkennen und daher die Schneefräse nicht losschicken. Zum Glück ist die lokale Einsatzleitung mit modernster Technik ausgestattet. Mit einem Schnee-Röntgen-Gerät können die Helfer vom Rand her ermitteln, wie viele Felder in der entsprechenden Zeile oder Spalte von einem Haus belegt sind. Zudem ist noch bekannt, dass alle Häuser rechteckig sind, mindestens 2x2 Felder groß und sich nirgends berühren, auch nicht über Eck.

Wo stehen die Häuser?

100 ♥

	5	7	7	5	7	7	0	6	6
6									
6									
8									
2									
6									
4									
2									
8									
8									

101 ♥

	8	8	8	3	7	4	2	4	4
5									
5									
7									
2									
7									
7									
3									
6									
6									

102 ♥

	4	4	2	6	4	3	6	6	6
2									
5									
5									
5									
2									
6									
4									
8									
4									

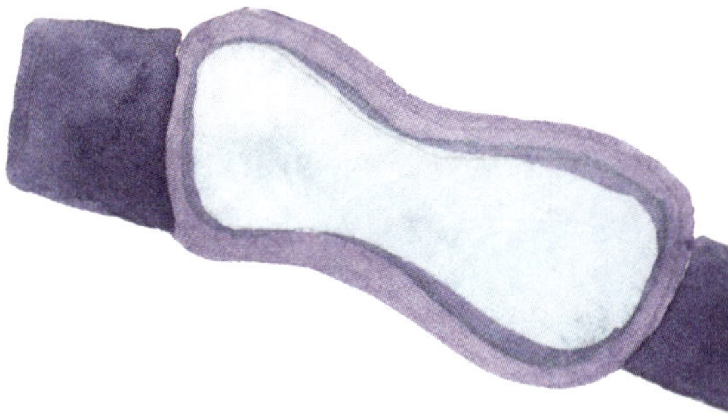

103 ♥♥

	4	4	7	5	3	6	3	3	3
6									
6									
6									
0									
4									
4									
2									
5									
5									

Lichterketten

Zeichne den Verlauf des Stromkabels ein. Dieses bildet einen Rundweg, der durch alle Felder mit Kerzen hindurchgeht. Die Teilstrecken des Kabels verlaufen waagerecht und senkrecht von Feldmittelpunkt zu Feldmittelpunkt. In Feldern mit einer roten Kerze muss das Kabel im 90°-Winkel abbiegen und durch die beiden Felder davor und danach geradeaus hindurchgehen. Durch Felder mit einer weißen Kerze muss das Kabel geradeaus hindurchgehen und in mindestens einem der Felder davor und danach im 90°-Winkel abbiegen. Das Kabel darf durch kein Feld mehrmals hindurchgehen.

105 ♥

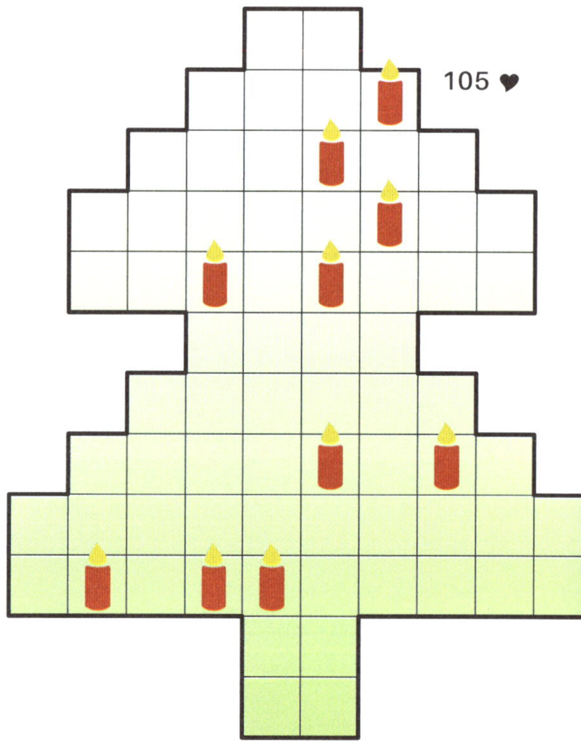

104 ♥♥

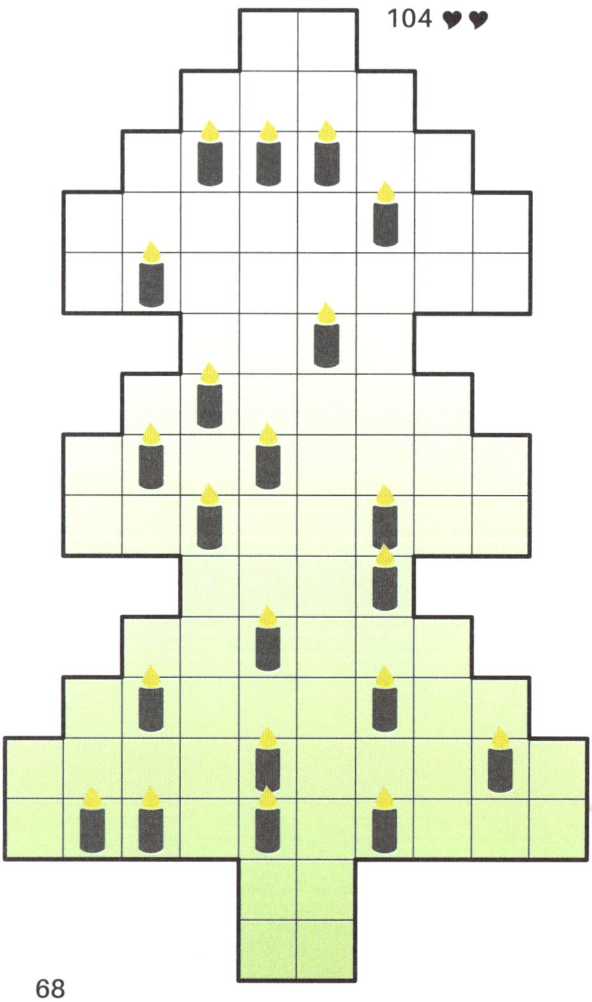

106 ♥♥♥

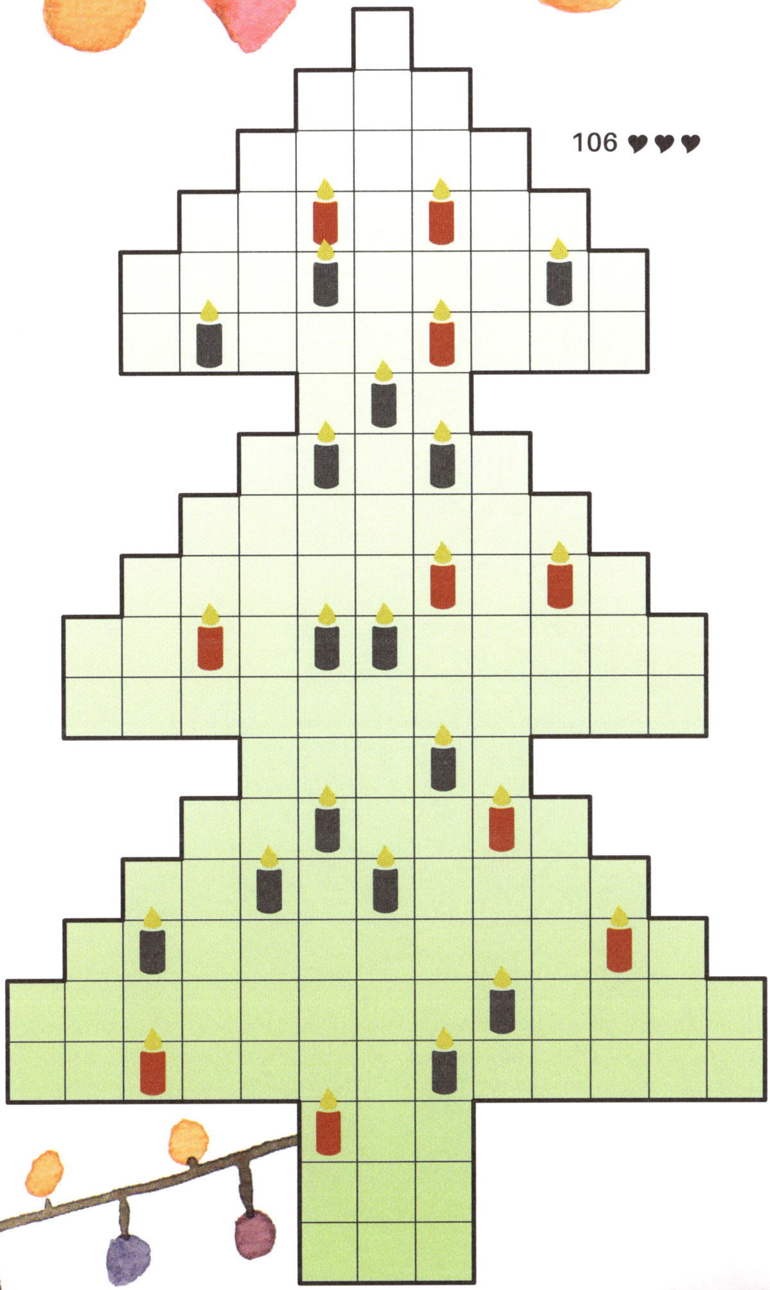

Schneemann bauen

Finde den Weg durch das Labyrinth.

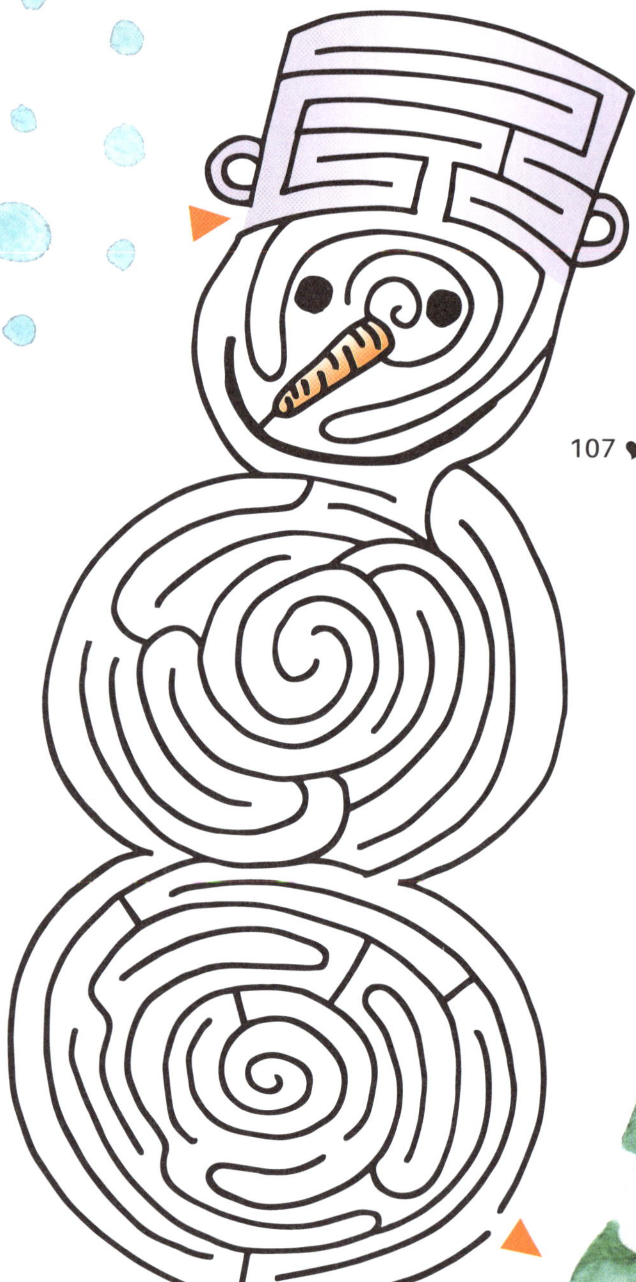

107 ♥

Wörterwusel

Die nachfolgend aufgelisteten Wörter sind waagerecht, senkrecht, diagonal sowie vorwärts oder rückwärts geschrieben im Diagramm versteckt. Wenn du alle Wörter gefunden hast, ergeben die verbleibenden Buchstaben zeilenweise ein Lösungswort.

ABEND, AUFTAKT, BALTHASAR, ENGEL, FEIGE, HERZ, KIND, KRIPPE, LAMETTA, MISTEL, MORGENLAND, PRINTEN, RUDOLPH, RUHEN, RUPRECHT, ZAPFEN, ZIMTSTERN

108 ♥♥

Z	R	E	H	P	L	O	D	U	R
N	E	T	N	I	R	P	N	B	U
T	T	A	T	T	E	M	A	L	H
H	K	S	C	G	D	L	L	L	E
C	A	R	I	N	T	L	N	E	N
E	T	E	I	H	H	E	E	T	E
R	F	K	A	P	N	G	G	S	F
P	U	S	E	E	P	N	R	I	P
U	A	B	E	N	D	E	O	M	A
R	N	R	E	T	S	T	M	I	Z

LÖSUNGSWORT: ....

Sternsinger

Auf welcher Route sind die Sternsinger in diesem Jahr unterwegs?

Zeichne entlang der gepunkteten Linien einen geschlossenen Weg ein, wobei nicht alle Gitterpunkte durchlaufen werden müssen. Die Zahlen in den Feldern geben an, wie viele der benachbarten Kanten für den Weg verwendet werden. Der Weg darf sich nicht selbst kreuzen oder berühren.

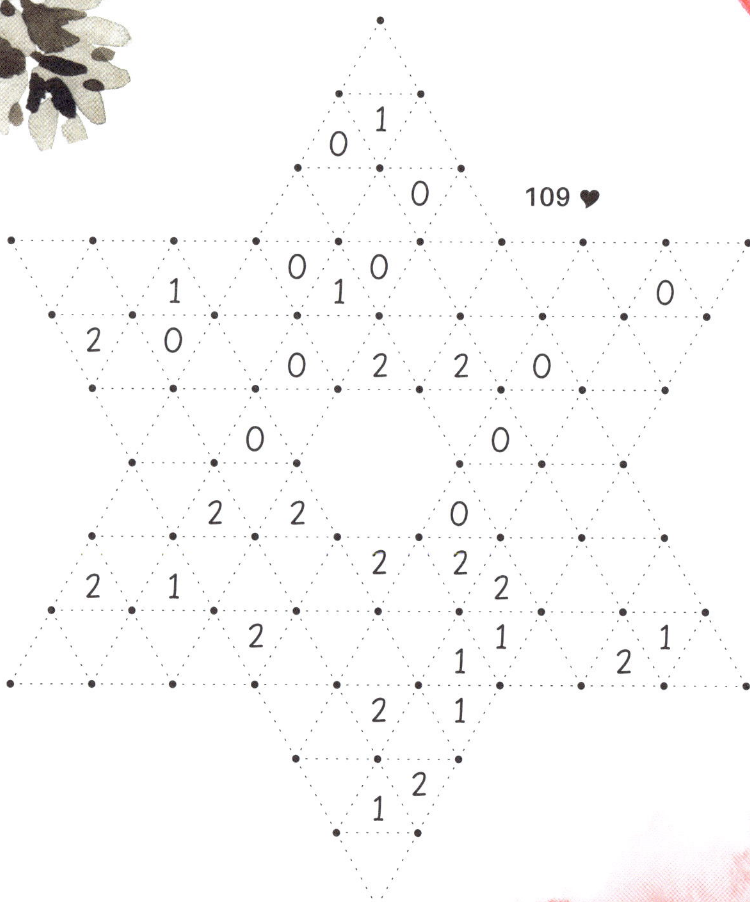

110 ♥♥

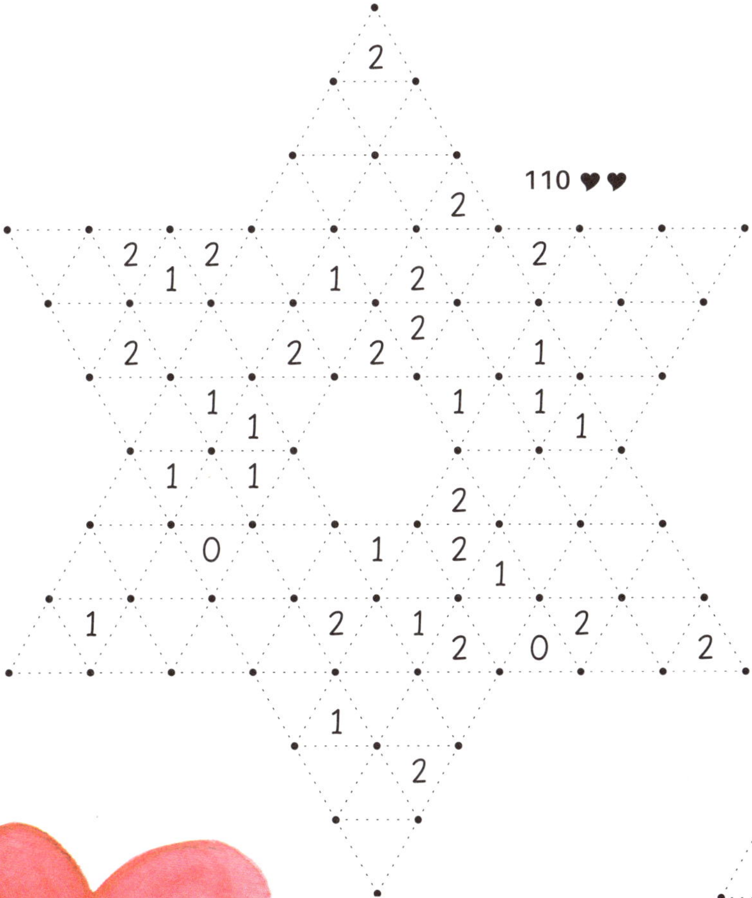

111 ♥♥♥

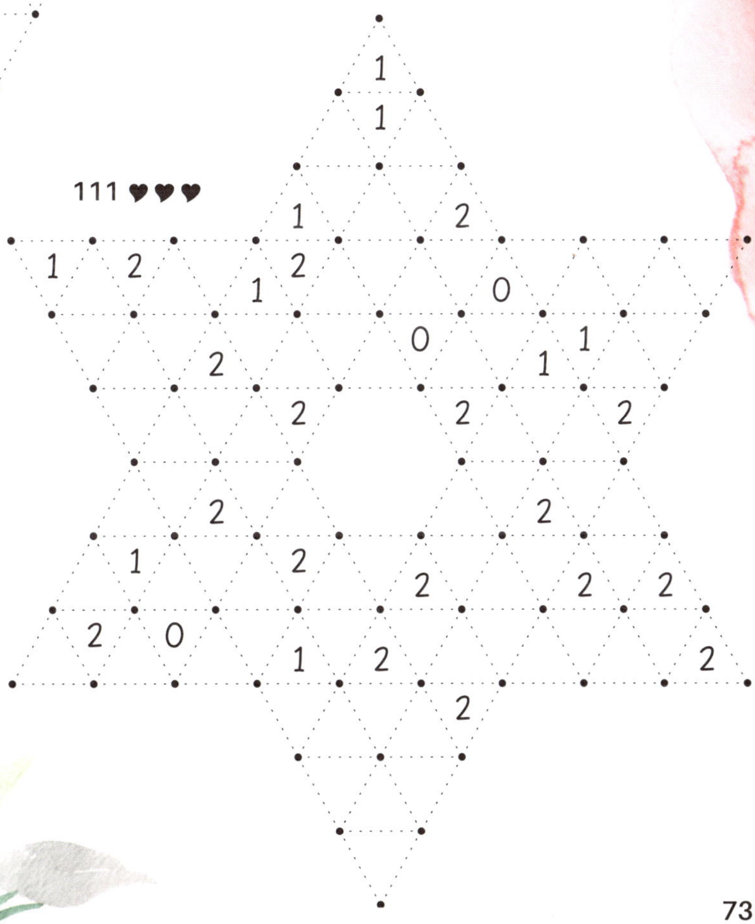

Geschenkewald

Trage waagerecht oder senkrecht neben jedem Baum ein Geschenk ein, das zu diesem Baum gehört. Die Geschenke dürfen sich dabei nicht berühren, auch nicht diagonal. Die Zahlen am Rand geben an, wie viele Geschenke sich in der entsprechenden Zeile oder Spalte befinden.

112 ♥

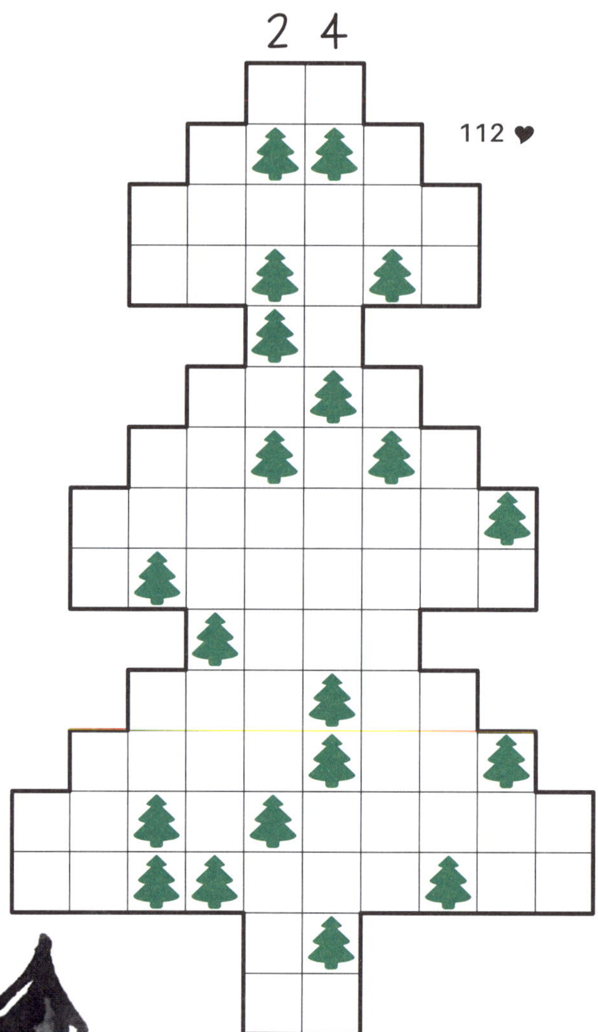

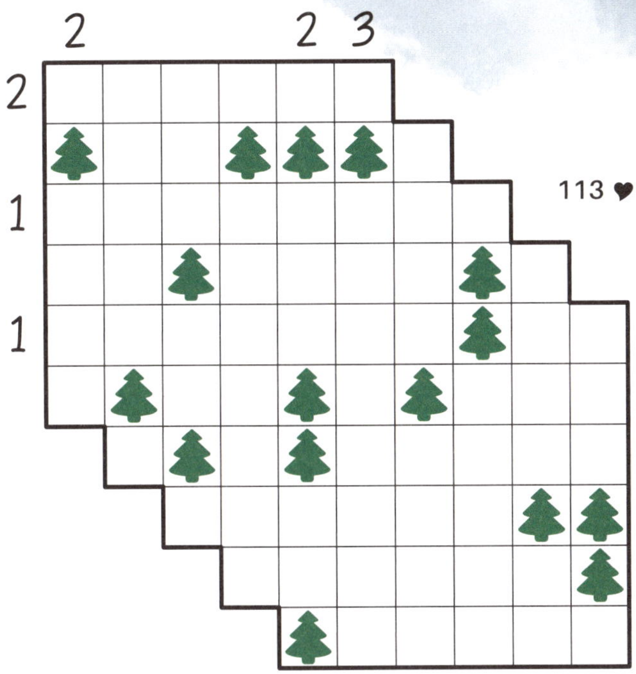

113 ♥♥

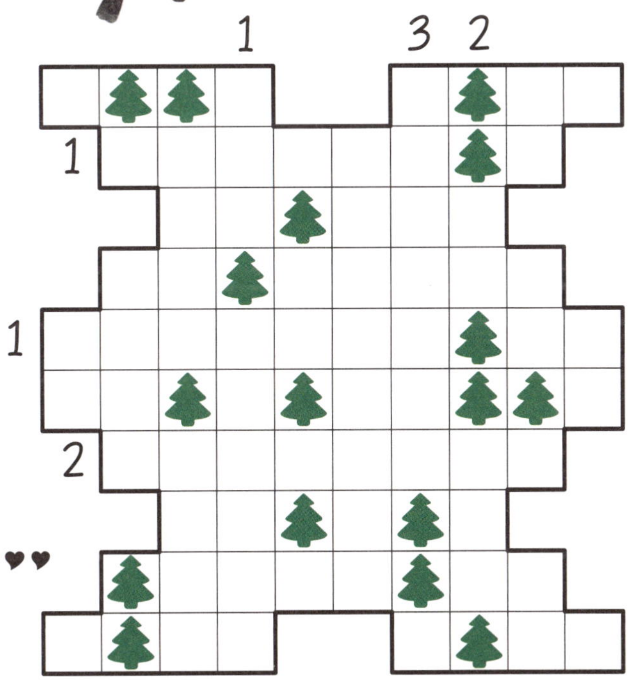

114 ♥♥♥

Skigebiete

Im neuen Schweizer Kanton Zugwalden gibt es fünf Skigebiete. Jedes hat eine andere Anzahl an Pisten und eine unterschiedliche Gesamtlänge aller Pisten. Aus der Broschüre der Kantonsverwaltung geht hervor:

1 Das Skigebiet mit der Gesamtlänge von 32 km hat doppelt so viele Pisten wie das Skigebiet mit der Gesamtlänge von 16 km. | **2** Die Gesamtlänge des Skigebiets mit 9 Pisten ist doppelt so lang wie die des Skigebiets Schlitterjoch. | **3** Das Skigebiet mit der Gesamtlänge 17 km hat mehr als 4 Pisten. | **4** Die Gesamtlänge des Skigebiets Schneematt ist länger als die des Skigebiets Rutschberg. | **5** Die Gesamtlänge des Skigebiets Rutschberg ist doppelt so lang wie die des Skigebiets mit 5 Pisten. | **6** Die Gesamtlänge des Skigebiets Tannenalm ist größer als die des Skigebiets Loipental.

Welche Pistenanzahlen und welche Gesamtlängen haben die fünf Skigebiete?

115 ♥♥

		Anzahl der Pisten					Gesamtlänge				
		4	5	8	9	10	15km	16km	17km	32km	34km
Skigebiet	Schneematt										
	Tannenalm										
	Schlitterjoch										
	Rutschberg										
	Loipental										
Gesamtlänge	15km										
	16km										
	17km										
	32km										
	34km										

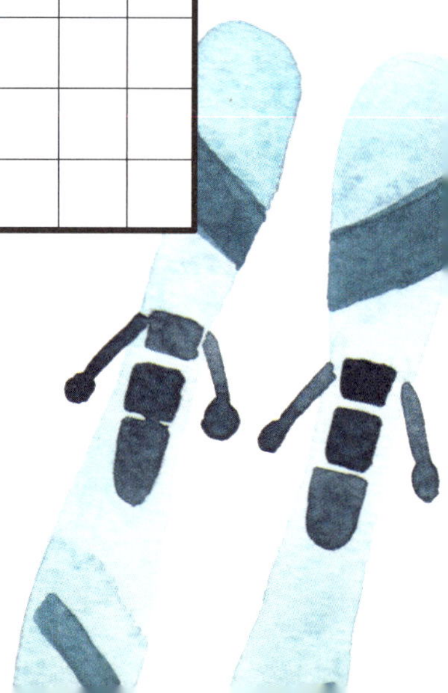

Wortwechsel

Leite das gesuchte Lösungswort aus den bereits aufgelisteten Wörtern ab. Die grünen Zahlen geben an, wie viele Buchstaben des nebenstehenden Wortes an der richtigen Stelle im Lösungswort vorkommen. Die blauen Zahlen geben an, wie viele Buchstaben des neben-stehenden Wortes zwar im Lösungswort vorkommen, aber an anderer Stelle stehen.

116 ♥

	Grün	Blau
H E L M	0	0
G R A L	0	2
T U R M	2	0
B A U M	1	1
R A B E	0	2
	4	0

	Grün	Blau
G N A D E	0	4
J U B E L	0	2
O B H U T	1	0
M U S I K	0	0
A D L E R	1	2
N A D E L	0	4
	5	0

117 ♥♥

	Grün	Blau
S Y M B O L	0	1
K I N D E R	1	0
G L O R I A	0	0
K U C H E N	1	3
B L U M E N	0	2
G E W A N D	0	2
C H R I S T	0	3
B E S U C H	2	2
	6	0

118 ♥♥♥

Doppelblock

Geschenke verteilen

Trage in einige Felder Geschenke so ein, dass sich in jeder Zeile und jeder Spalte je zwei Geschenke befinden. Trage dann in alle anderen Felder Zahlen von 1 bis 5 so ein, dass sich in jeder Zeile und jeder Spalte jede Zahl genau einmal befindet. Die Zahlen am Rand geben dabei die Summe der Zahlen an, die sich zwischen den beiden Geschenken befinden.

119 ♥

	12	15	5		2	5	
13							
10							
4							
1					1		
3							
14							

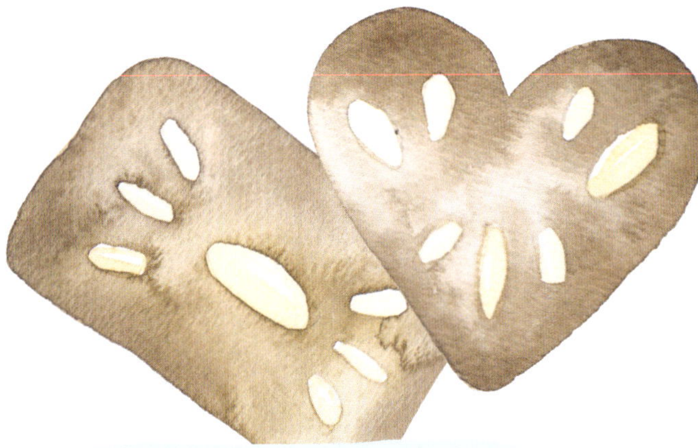

	1	2	1	5			10
15							
3							
2							
1							
4							
2							
	4						

120 ♥♥

121 ♥♥

	2	2	9	8		3	1
15							
9							
4							
4							
5							
4							

122 ♥♥♥

	15	5	1	13	6		4
1							3
1						4	
1							
9				5			
1							
9							

123 ♥♥♥

	9	15		12	5	4	2
10							
13							
3							
9							
4							

Stern-Sudoku

Schreibe die Zahlen von 1 bis 9 so in die Felder der Sterne, dass sich in jeder Reihe und jedem Gebiet jede der Zahlen von 1 bis 9 genau einmal befindet. Dabei zählen die Felder an den Spitzen zur nächstgelegenen Reihe dazu.

124 ♥

125 ♥♥

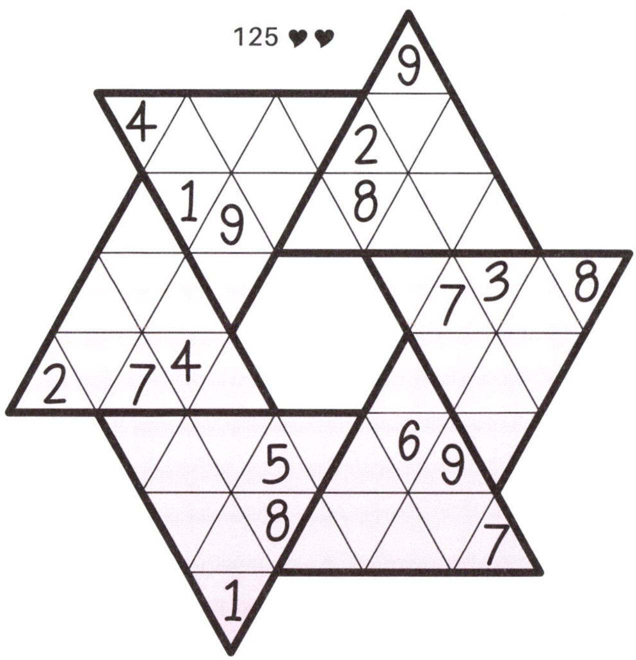

126 ♥♥

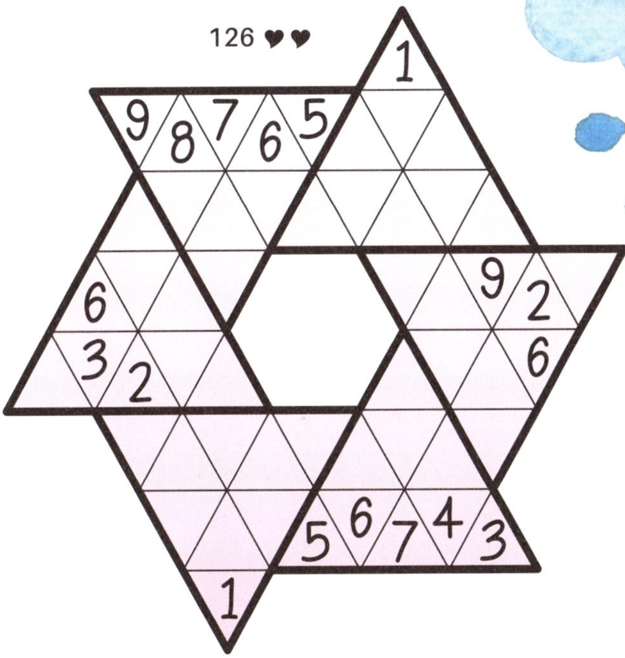

127 ♥♥♥

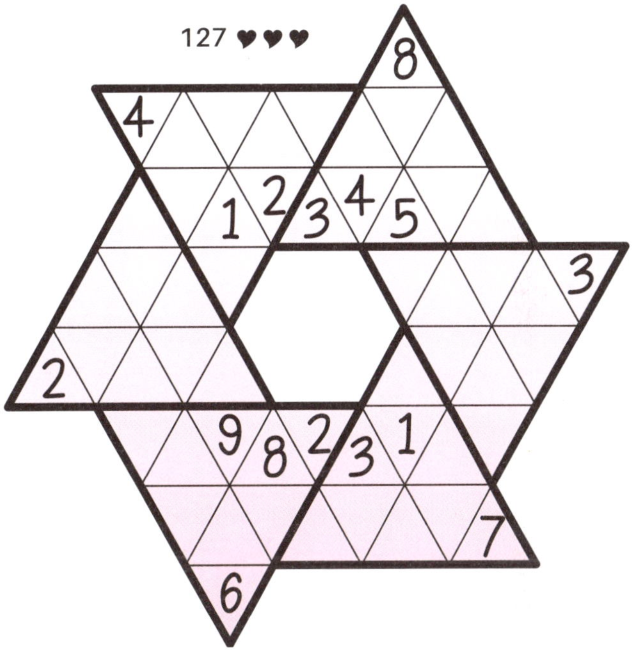

128 ♥♥♥

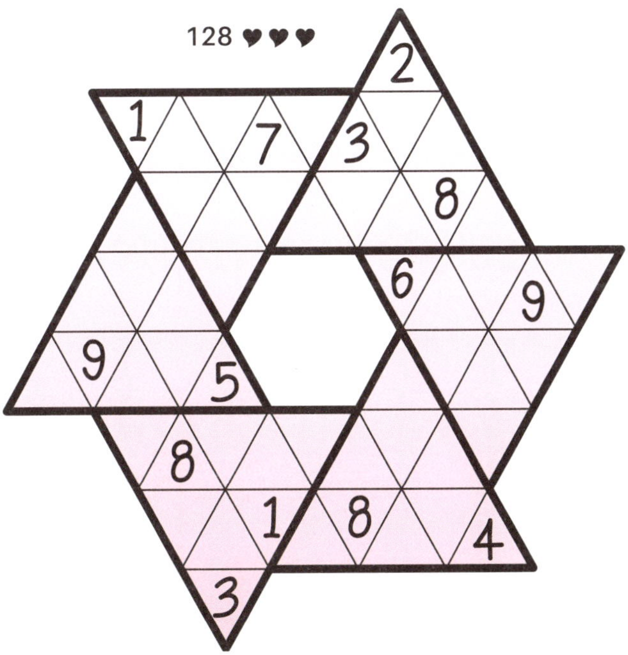

Doppelstern

Sternennacht

Trage in das Diagramm Sterne so ein, dass sich in jeder Zeile, jeder Spalte und jedem fett umrandeten Gebiet genau zwei Sterne befinden. Die Sterne haben jeweils die Größe eines Kästchens und dürfen einander nicht berühren, auch nicht diagonal.

129 ♥

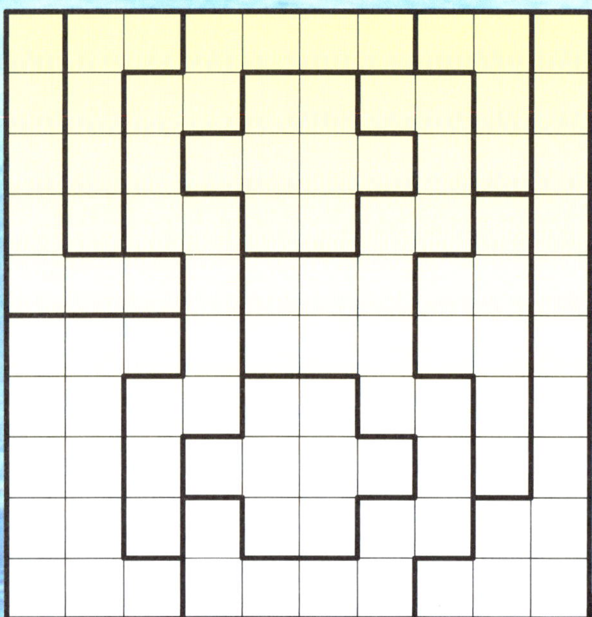

130 ♥

131 ♥♥

132 ♥♥

133 ♥♥♥

Wörterwusel

Die nachfolgend aufgelisteten Wörter sind waagerecht, senkrecht, diagonal sowie vorwärts oder rückwärts geschrieben im Diagramm versteckt. Wenn du alle Wörter gefunden hast, ergeben die verbleibenden Buchstaben zeilenweise ein Lösungswort.

AKKORD, CHORGESANG, DRINNEN, EISCREME, GESCHENKE, HEILEN, HOCHROT, HÖHEPUNKT, LUSTIG, MAGIE, PARANÜSSE, PÜREE, SPIELZEUG, STICKEN, TANNENBAUM, TEEGEBÄCK

134 ♥♥

C	E	H	R	G	E	I	G	A	M
H	M	S	I	S	I	T	N	U	G
Ö	E	T	S	P	E	T	A	E	U
H	R	I	O	Ü	N	B	S	H	E
E	C	C	L	R	N	C	E	U	Z
P	S	K	E	E	H	A	G	I	L
U	I	E	N	E	N	C	R	T	E
N	E	N	N	I	R	D	O	A	I
K	A	K	K	O	R	D	H	H	P
T	E	E	G	E	B	Ä	C	K	S

LÖSUNGSWORT: ....

Schneeflocke

Trage die nachfolgenden Wörter so in das Diagramm ein, dass jedes Wort genau einmal vorkommt. Die Wörter dürfen dabei vorwärts oder rückwärts geschrieben werden.

4: ANKE, AUCH, DEIN, EFEU, EHRE, HASI, IDOL, NARR, RUHE, SOLL, URAL, ZIMT

5: DANKE, DURST, KAMEL, KAMIN, KATER, KERZE, NACHT, PLATZ, PUPPE, REISE, SCHAL, SPATZ

135 ♥

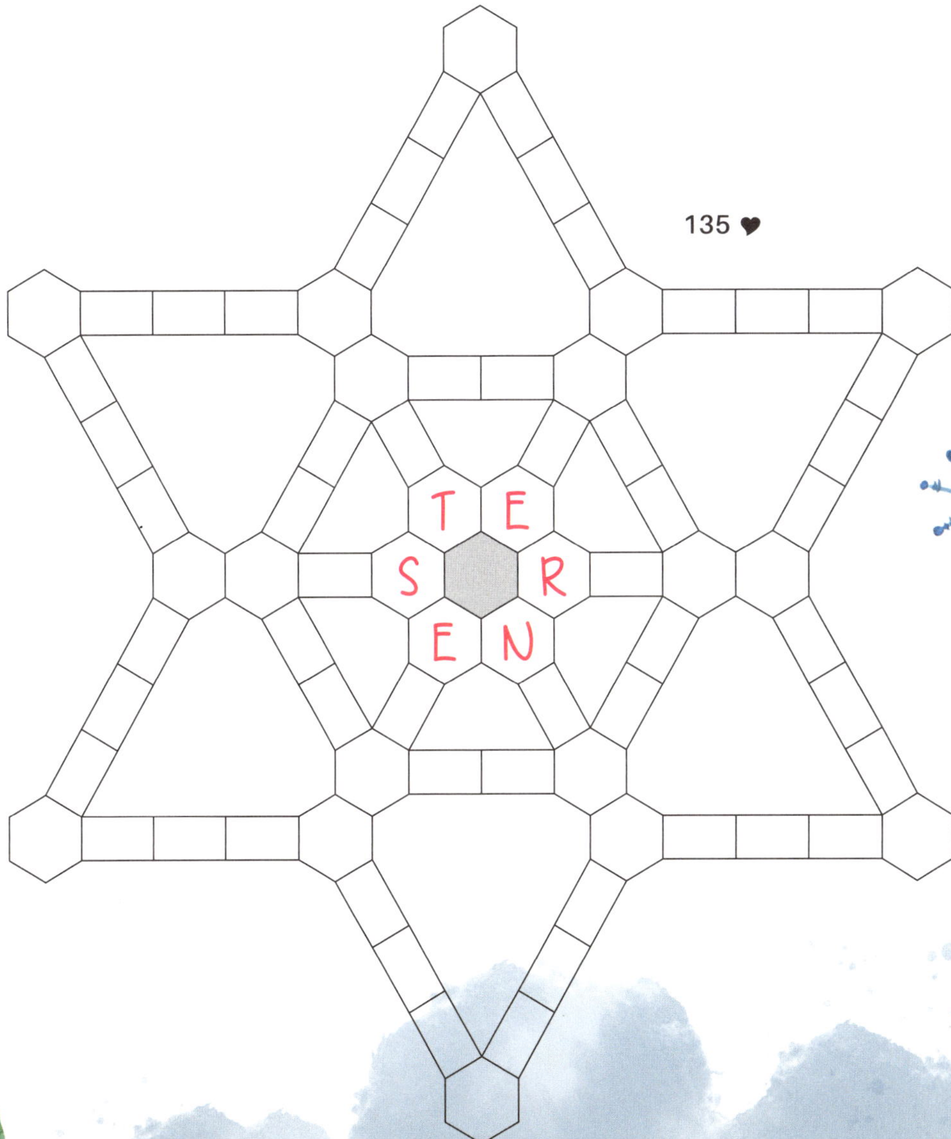

Schneegestöber

Der Skiort Mawos ist komplett eingeschneit. Man kann noch nicht einmal mehr die Häuser erkennen und daher die Schneefräse nicht losschicken. Zum Glück ist die lokale Einsatzleitung mit modernster Technik ausgestattet. Mit einem Schnee-Röntgen-Gerät können die Helfer vom Rand her ermitteln, wie viele Felder in der entsprechenden Zeile oder Spalte von einem Haus belegt sind. Zudem ist noch bekannt, dass alle Häuser rechteckig sind, mindestens 2x2 Felder groß und sich nirgends berühren, auch nicht über Eck.

Wo stehen die Häuser?

136 ♥

	6	6	4	2	3	6	6	3	3
3									
3									
3									
5									
5									
0									
8									
8									
4									

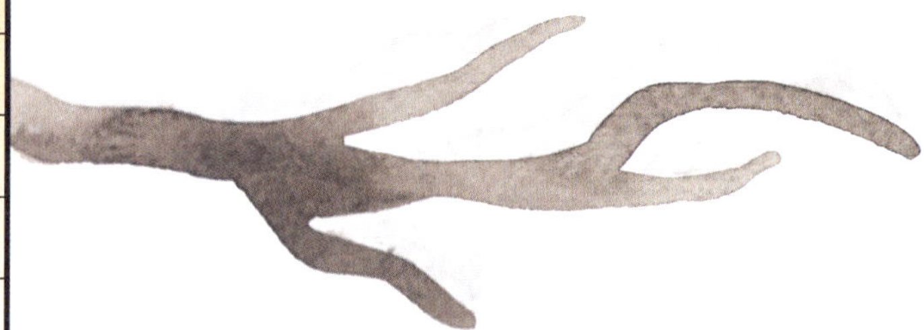

137 ♥

	4	6	6	4	6	4	7	5	5
7									
7									
0									
3									
7									
7									
0									
8									
8									

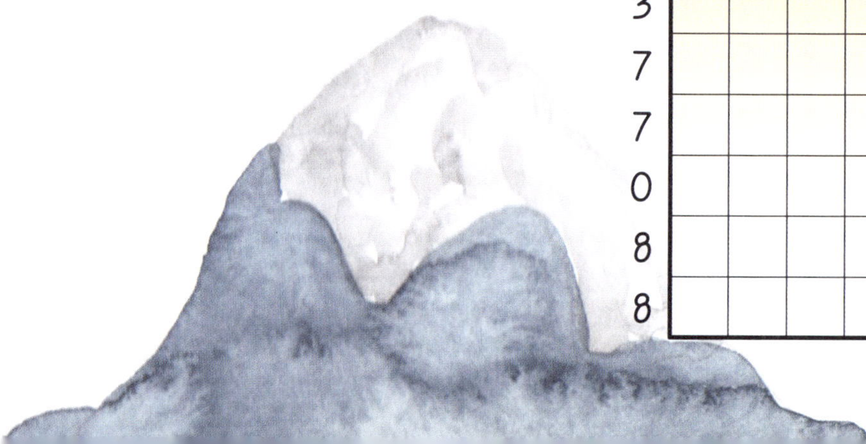

138 ♥♥

	7	7	2	6	6	4	7	7	7
8									
8									
8									
6									
2									
5									
3									
8									
5									

139 ♥♥

	3	3	7	7	7	4	0	8	8
5									
7									
7									
2									
6									
6									
6									
6									
2									

140 ♥♥♥

	5	7	5	7	5	2	3	6	3
3									
5									
2									
7									
5									
7									
2									
7									
5									

Winterspaziergang

Nach dem großen Weihnachtsessen heißt es nun hübsch ab nach draußen, sich die Beine vertreten.
Welche Route wird jeweils gewählt?

Zeichne entlang der gepunkteten Linien einen geschlossenen Weg ein, wobei nicht alle Gitterpunkte durchlaufen werden müssen. Die Zahlen in den Feldern geben an, wie viele der benachbarten Kanten für den Weg verwendet werden. Der Weg darf sich nicht selbst kreuzen oder berühren.

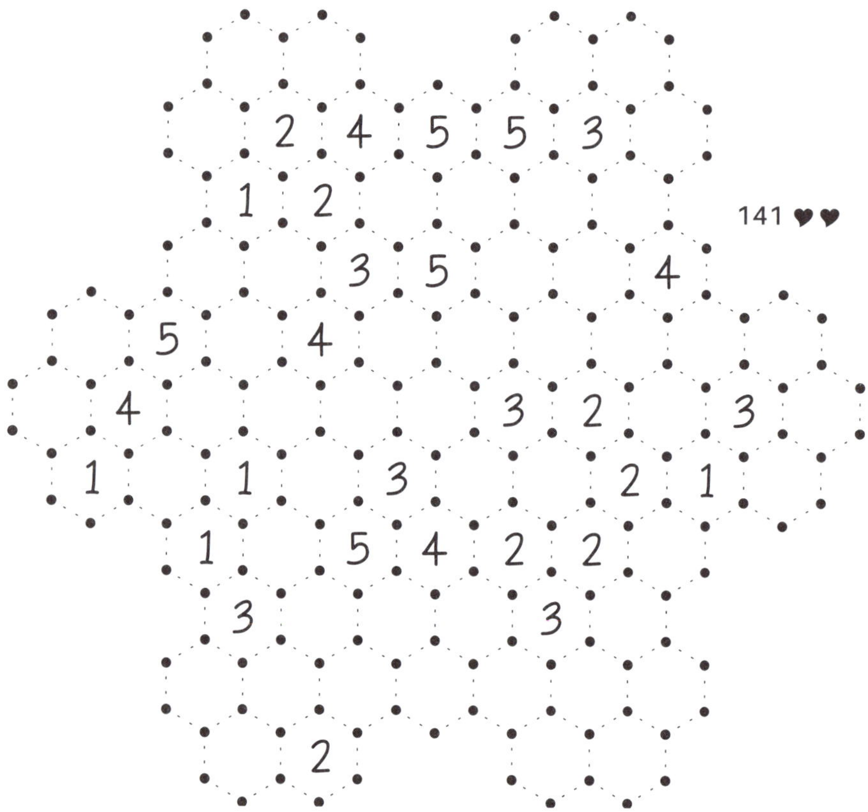

141 ♥♥

142 ♥♥

143 ♥♥♥

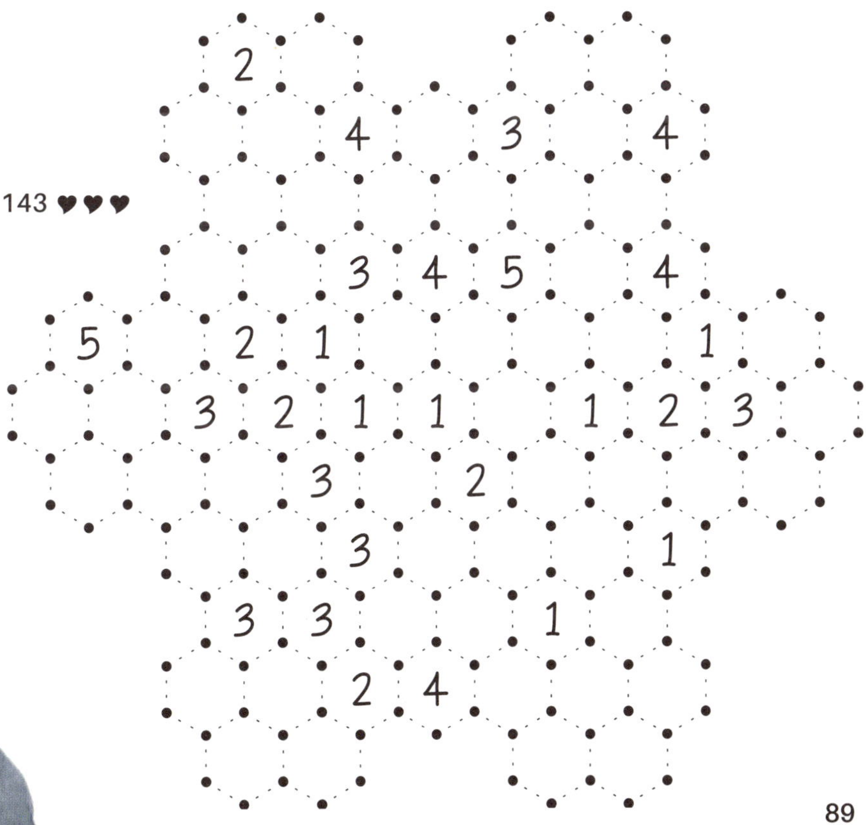

Querdenker

Löse das Kreuzworträtsel mit den nachfolgenden Hinweisen:

Waagerecht

1 Reinfall beim Hochsprung
5 Befestigungsutensil
10 Die Grenze in der Müslimitte
11 Ungeliebte Zutat in der Weihnachtssuppe
13 Frau aus Florida
14 Was Zahl und Tabakverweigerer gemeinsam ist
15 Was vor dem Sturm kommt
16 Früherer Name einer Staatengemeinschaft mit 19-waagerecht, aber ohne 25-waagerecht
18 Der schöpft den größten Teil vom Weihnachtsessen auf seinen Teller.
19 Allemannenabkürzung, Teil von 23-senkrecht
20 Die … sind nicht aufzuregen.
22 Unterlegt angeblich 6-senkrecht
24 Vernunftkritiker
25 Erinnert my an Mar
28 Diese ist in jeder Familie an Heiligabend unterschiedlich.
30 Ein 25stel von Morgen
31 Hat in der Regel mehrere 30-waagerecht
32 Das macht man mit den Kerzen am 6-senkrecht.
33 Weder Sie noch Es
34 Erkennt man weder an den roten Augen noch an den roten Lippen
35 Asiatischer Kämpfer ohne Chef
36 Seedistanz

Senkrecht

1 Aufforderung zur Schwerkraftüberwindung
2 Schattenspender
3 Mutter der Tante
4 Wo der ist, ist's eiskalt.
5 Was Horst und Ernst zusammen aus 6-senkrecht schütteln
6 Weihnachtlicher Kerzenhalter
7 Zu Weihnachten und im Märchen bisweilen aus Lebkuchen.
8 Im Advent tut Weihnachten dies.
9 So ist einer, der 12-senkrecht hält.
12 Wenn zu laut, kann es 15-waagerecht stören.
17 Aufforderung zu verschwinden
18 Wer dieses Wort kennt, braucht es nicht mehr zu …
21 Friedensmission fernab der Erde
22 Nicht zu verwechseln mit dem Adoptivsohn des 1. römischen Kaisers
23 Volk, nicht zu verwechseln mit dem Webauftritt der deutschen Erholungssucher
24 Große Flimmerkiste
26 Trauerstimmung
27 Was Schaffell und Karaffe gemeinsam haben
29 Was der Angel zum lieblichen Klang verhilft
31 Klingt wie Stroh, ist aber Alpenländer Begrüßung.

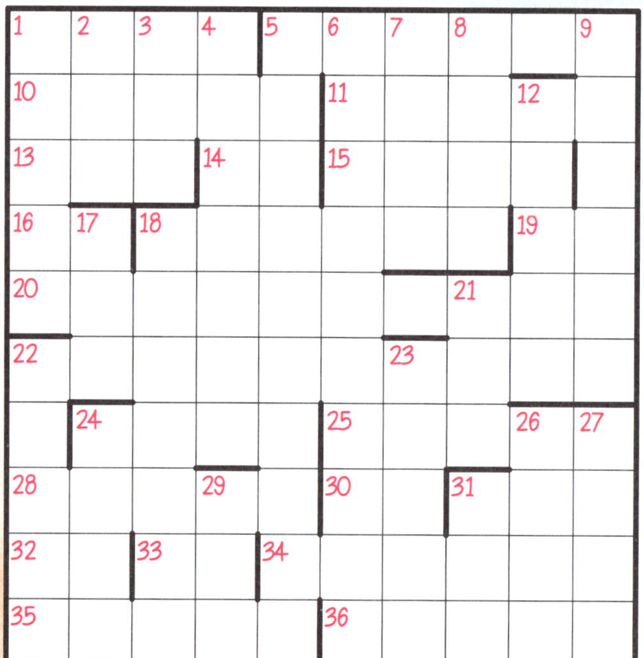

144 ♥♥♥

Merkwürdige Kerzen

Martina hat bei ihrer Weihnachtsreise drei Frauen kennengelernt, die selber Kerzen gießen. Und das Merkwürdige daran ist, dass jede von ihnen ein Faible für ganz besonders seltsame Kerzen hat.
In ihrem Tagebuch hat Martina folgendes notiert:

1 Frau Gugenau, die nicht Anna heißt, macht weder sternförmige noch große Kerzen. | **2** Die rechteckigen Kerzen, die grün sind, sind nicht von mittlerer Größe. | **3** Tina macht keine kleinen Kerzen und Anna keine dreieckigen. | **4** Lisas Kerzen sind nicht pink. | **5** Die großen Kerzen sind nicht rechteckig. | **6** Tina heißt weder Silva-Bühl, noch stellt sie dreieckige Kerzen her.

Wer stellt die mittelgroßen Kerzen her? Wer die rechteckigen? Und wer die blauen?

145 ♥♥♥

		Nachname			Farbe			Form			Größe		
		Gugenau	Zeibert	Silva-Bühl	blau	grün	pink	dreieckig	rechteckig	sternförmig	klein	mittel	groß
Vorname	Lisa												
	Anna												
	Tina												
Größe	klein												
	mittel												
	groß												
Form	dreieckig												
	rechteckig												
	sternförmig												
Farbe	blau												
	grün												
	pink												

Heiligabend

Zeichne in die nachfolgenden Raster jeweils einen geschlossenen Weg ein, der ausschließlich **diagonal** zwischen den Schnittpunkten des Rasters verläuft. Der Weg darf sich nicht selbst kreuzen oder berühren. Die Zahlen am Rand geben an, wie viele Rasterkästchen der Weg in der jeweiligen Zeile bzw. Spalte diagonal durchläuft. Der Innenbereich des Weges ist auszumalen bzw. zu schwärzen. Mitunter geben Voreinträge Hinweise zum Wegverlauf:

- Leerfeld / Außenbereich
- Teilstrecke des Weges mit Zuordnung von Innenbereich (Grau) und Außenbereich (Weiß)
- Innenbereich des Weges

146 ♥

Der 24. Dezember beginnt bei Familie Rehzell mit der Begrüßung eines temporären, aber lang ersehnten Familienmitglieds. Welches?

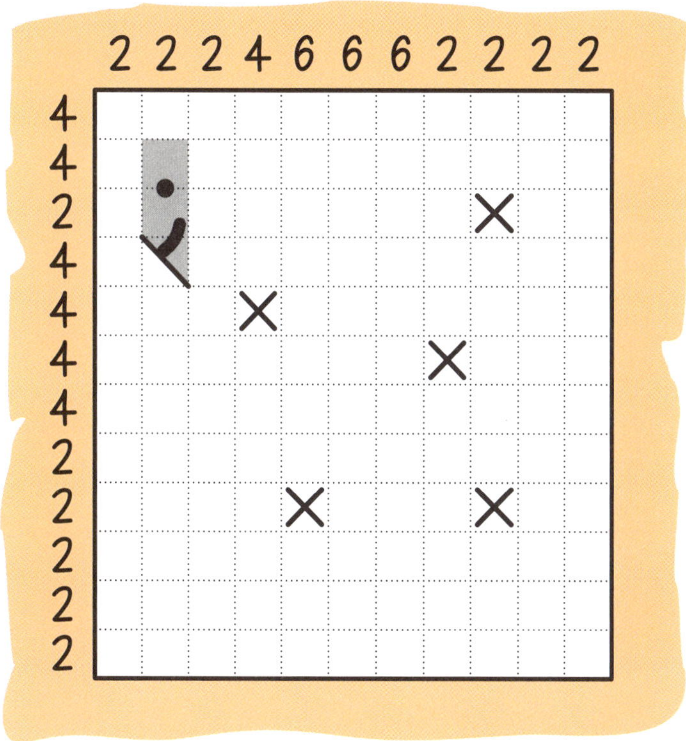

147 ♥♥

Über Nacht hat es ordentlich geschneit. So kann die Familie den Vormittag nutzen, um ihrem gemeinsamen Hobby zu frönen. Welchem?

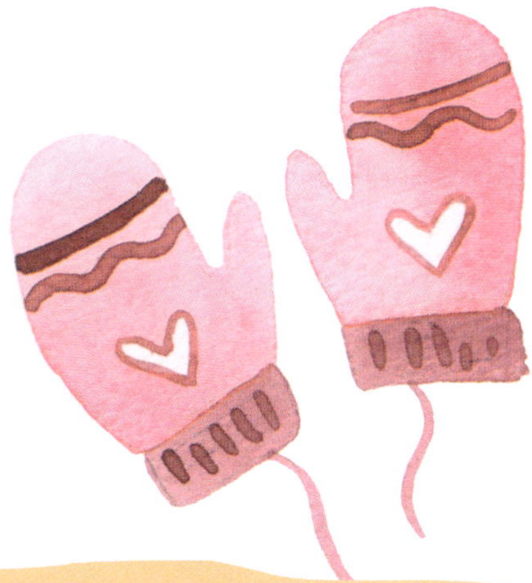

148 ♥♥

Der sportverrückte Papa nutzt anschließend noch rasch die Gelegenheit, seinem zweiten Hobby nachzugehen. Welchem?

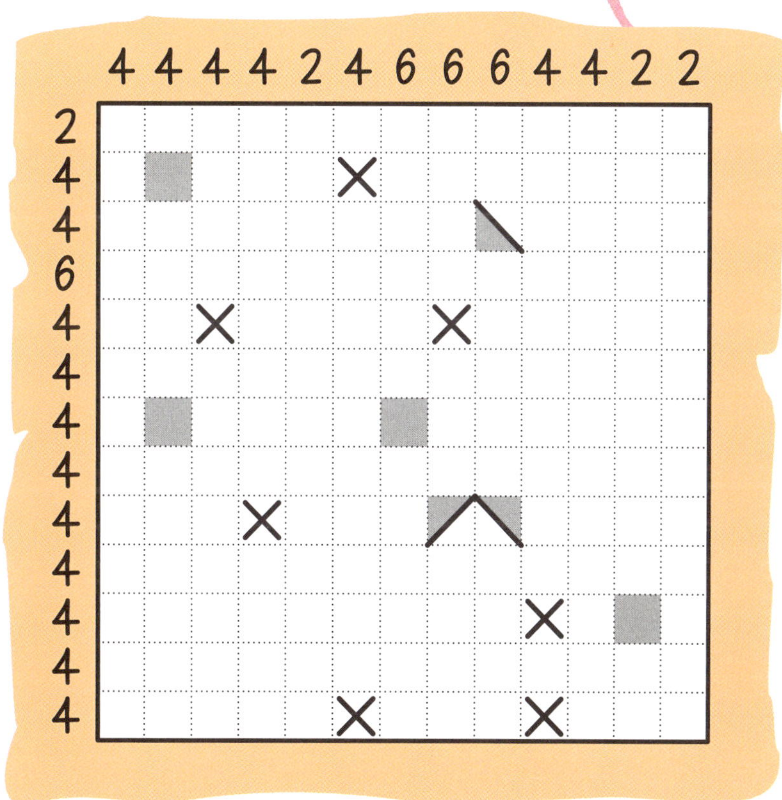

Auf der nächsten Seite geht's weiter…

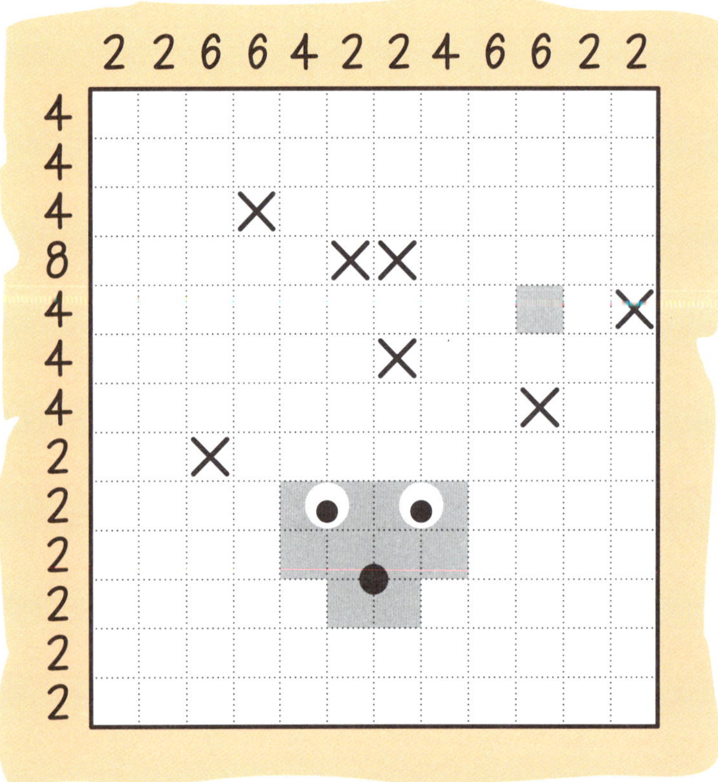

149 ♥♥

Schräge Weihnachtspullis liegen immer noch voll im Trend – behauptet zumindest die Mama. Welches Motiv ist auf ihrem Strickpullover zu sehen?

150 ♥♥♥

Familientradition Nummer 1 am Nachmittag: das dramatisch-romantische Finale eines großen Filmklassikers anschauen. Von welchem Film ist die Rede?

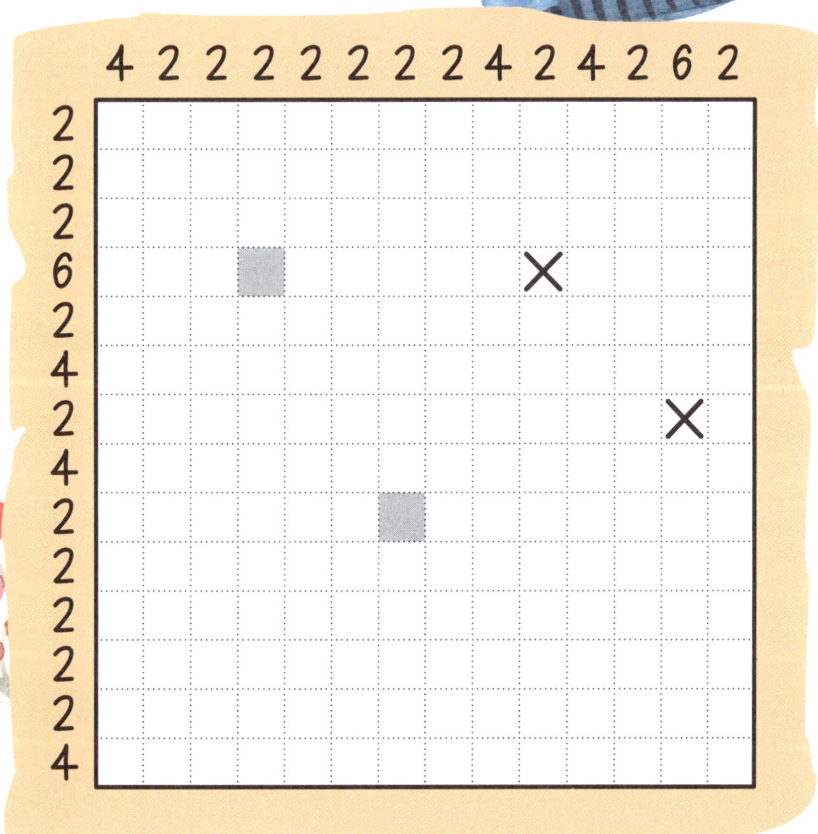

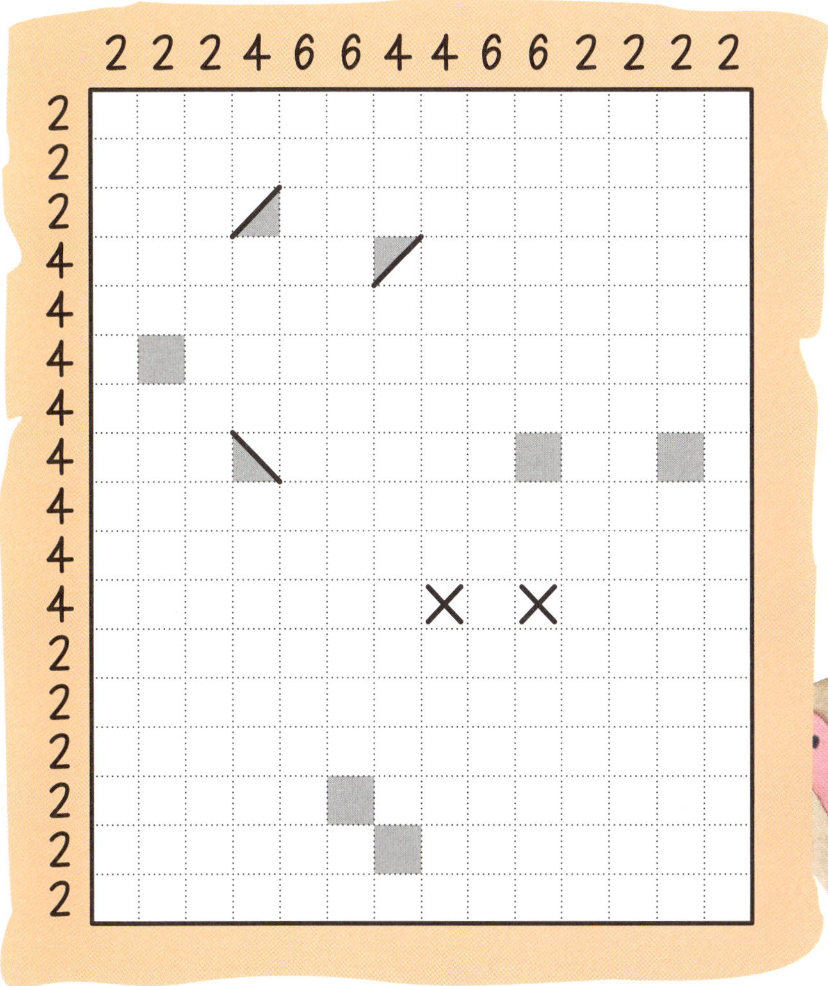

151 ♥♥♥

Familientradition Nummer 2 zur Bescherung: gemeinsam singen und musizieren. Stimme mit ein!

152 ♥♥♥

Gerade ist die letzte Kerze am Baum angezündet, da erstrahlt eine große Sternschnuppe am Nachthimmel. Fast scheint es so, als würde sie der Familie zurufen: „Frohe Weihnachten, ihr Lieben!"

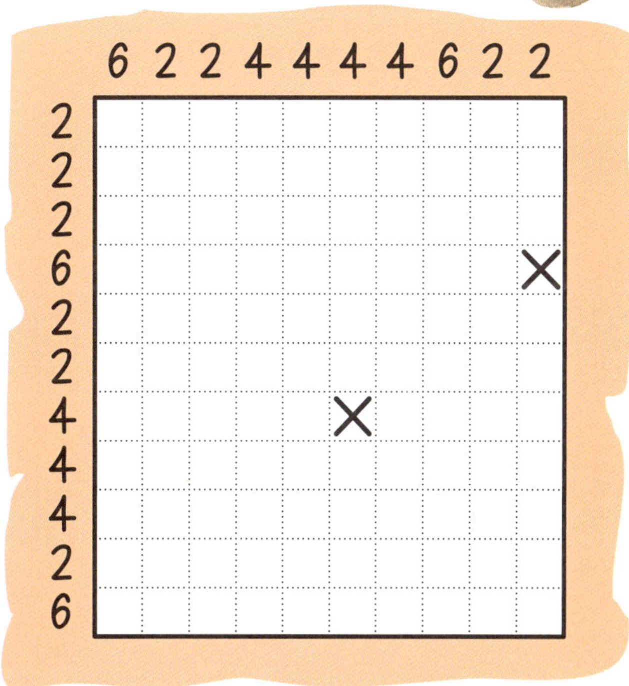

Sternbilder

Zerlege das Diagramm entlang der Gitterlinien in Gebiete. Jedes Gebiet muss genau einen Kreis enthalten und punktsymmetrisch bezüglich dieses Kreises sein. Färbe dann alle Gebiete mit einem schwarzen Punkt, um ein Lösungsbild zu finden.

153 ♥♥

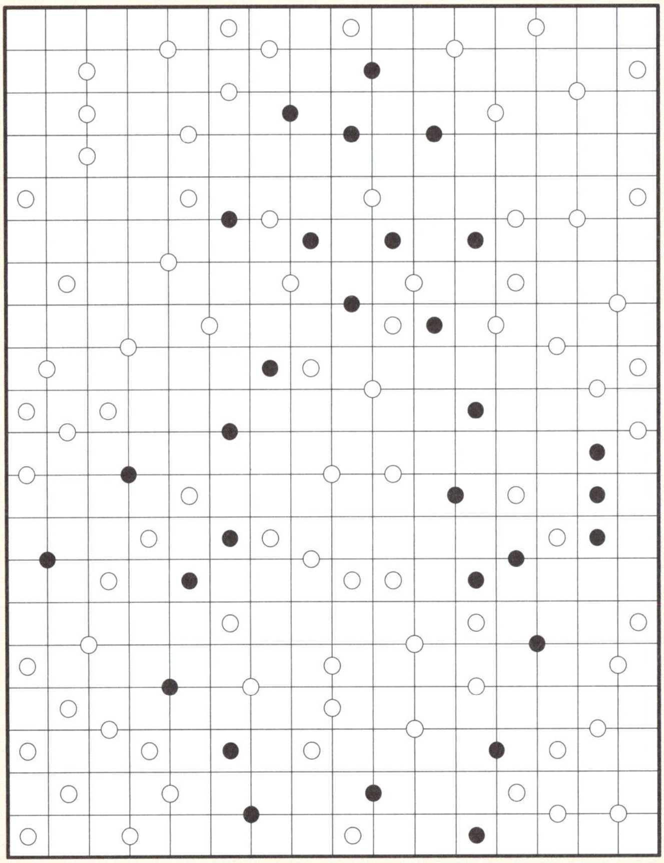

154 ♥♥♥

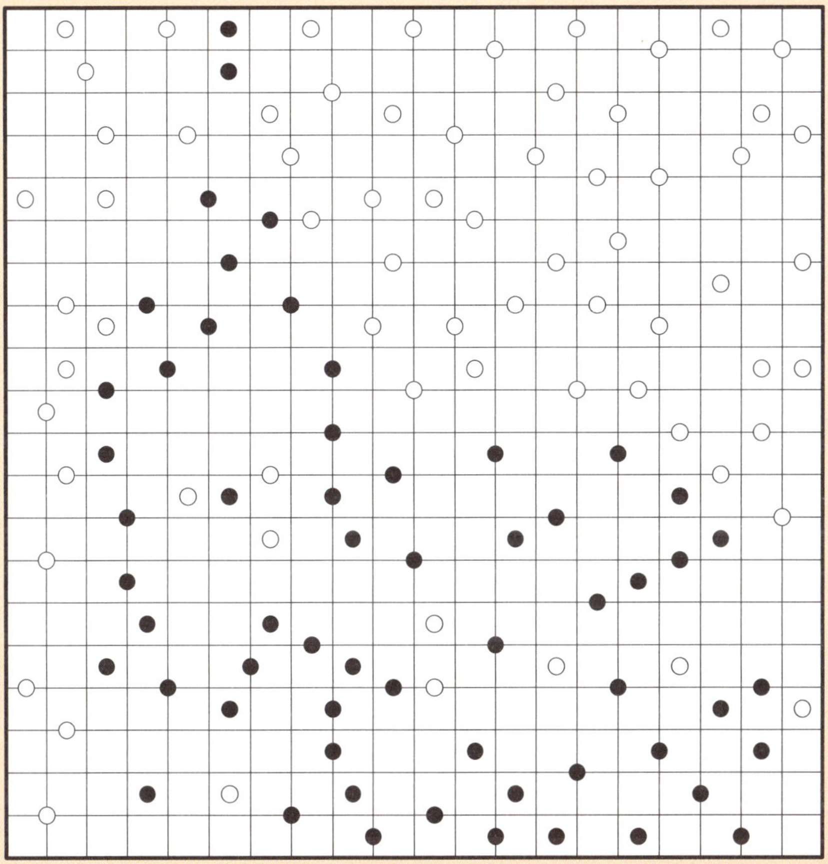

Wichtelworte

Ordne den Buchstaben die Zahlen von 1 bis 12 (Rätsel 1 und 3) bzw. von 1 bis 11 (Rätsel 2) so zu, dass jeder Buchstabe einer anderen Zahl entspricht. Die Summe der Buchstaben der aufgelisteten Wörter entspricht dabei der jeweils nebenstehenden Summe. Buchstaben, die mehrfach in einem Wort vorkommen, gehen auch entsprechend mehrfach in die Summe ein.

155 ❤❤

RUHMREICHE .. 48
HYMNEN 36
WIE 27
WEIHRAUCH ... 57
UND 24
MYRRHE 16

A	C	D	E	H	I	M	N	R	U	W	Y

156 ♥♥♥

IM 21
BREITEN 30
FENSTER 22
REIFEN 21
STUMME 43
EISBLUMEN .. 56

B	E	F	I	L	M	N	R	S	T	U

IM 15
CHRIST 42
BAUM 15
RUHT 14
EIN 33
SMARTER .. 47
HUT 7

157 ♥♥♥

A	B	C	E	H	I	M	N	R	S	T	U

Geschenke einpacken

Geschenkpapier mit Pfiff: Erst wenn die Beschenkten das jeweils aufgedruckte Rätsel gelöst haben, dürfen sie ihre Geschenkebox auspacken. Also dann: **Wie verlaufen die Rundwege?**

Zeichne entlang der gepunkteten Linien einen geschlossenen Weg ein, wobei nicht alle Gitterpunkte durchlaufen werden müssen. Die Zahlen in den Feldern geben an, wie viele der benachbarten Kanten für den Weg verwendet werden. Der Weg darf sich nicht selbst kreuzen oder berühren.

158 ♥

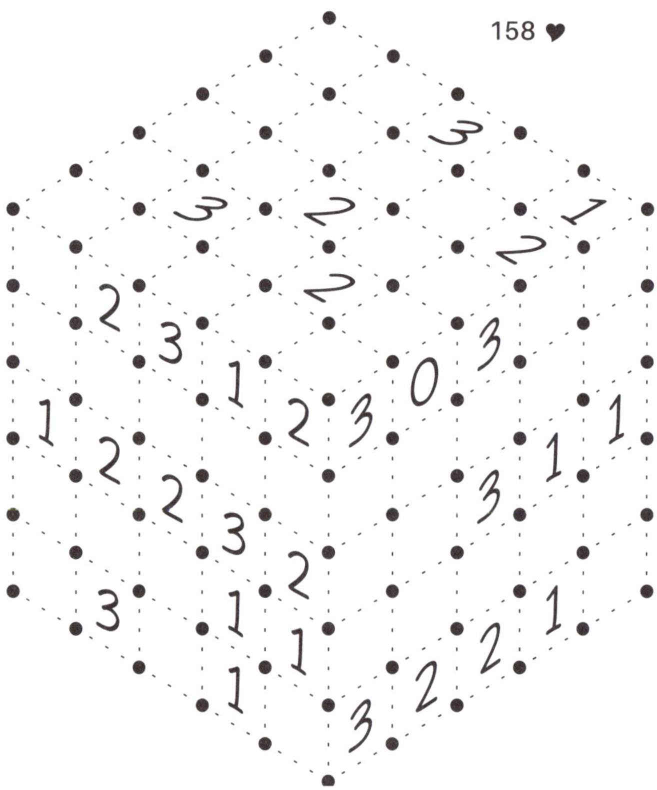

159 ♥♥

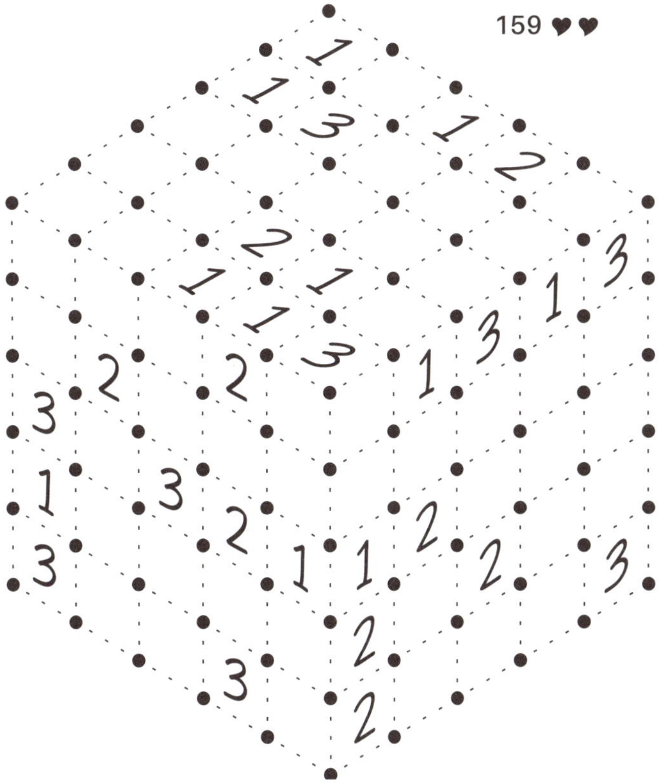

160 ♥♥♥

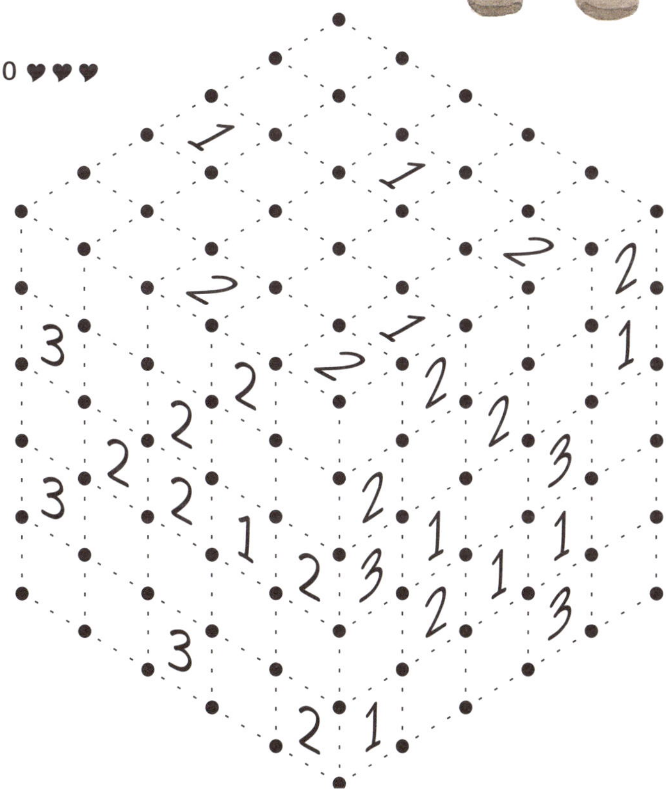

Sternschnuppennacht

Finde den Weg durch das Labyrinth.

Wörterwusel

Die nachfolgend aufgelisteten Wörter sind waagerecht, senkrecht, diagonal sowie vorwärts oder rückwärts geschrieben im Diagramm versteckt. Wenn du alle Wörter gefunden hast, ergeben die verbleibenden Buchstaben zeilenweise ein Lösungswort.

ARKTIS, EINSAM, EISMEER, HANDSCHUH, HEIMKEHR, MALERISCH, REHE, SCHNEEMANN, SCHWERMUT, SESSELLIFT, SKIPISTE, STAPFEN, WALDESRUH, WILDLAUF, ZWEIG

162 ♥♥♥

R	H	E	K	M	I	E	H	W	N
H	T	I	T	A	I	N	T	N	E
H	U	H	C	S	D	N	A	H	F
E	M	R	M	N	I	M	R	U	P
S	R	E	S	I	E	P	A	S	A
S	E	S	S	E	L	L	I	F	T
R	W	H	N	P	D	T	O	K	S
R	H	H	E	L	K	L	T	L	S
H	C	S	I	R	E	L	A	M	E
S	S	W	A	R	G	I	E	W	Z

LÖSUNGSWORT: ....

Geschenkewald

Trage waagerecht oder senkrecht neben jedem Baum ein Geschenk ein, das zu diesem Baum gehört. Die Geschenke dürfen sich dabei nicht berühren, auch nicht diagonal. Die Zahlen am Rand geben an, wie viele Geschenke sich in der entsprechenden Zeile oder Spalte befinden.

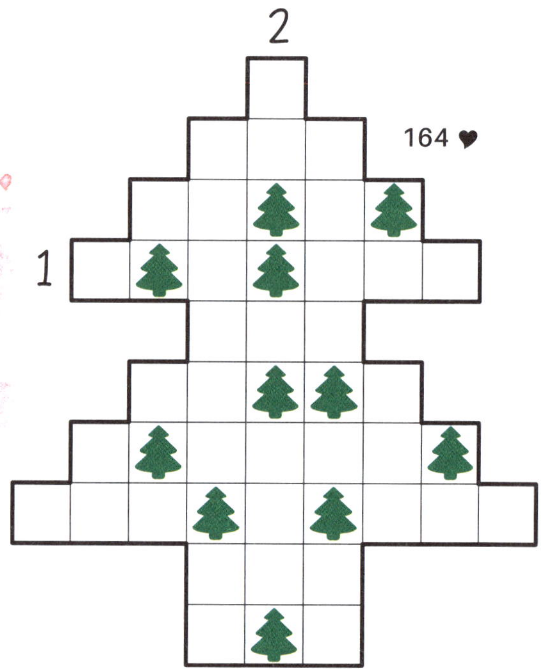

164 ♥

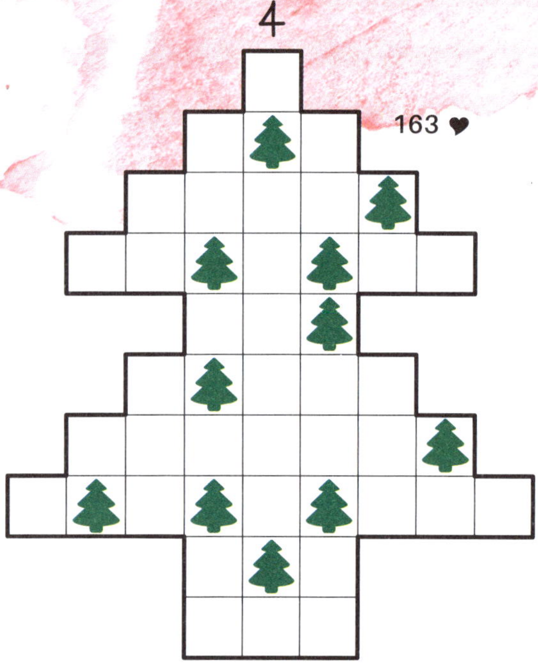

163 ♥

165 ♥♥

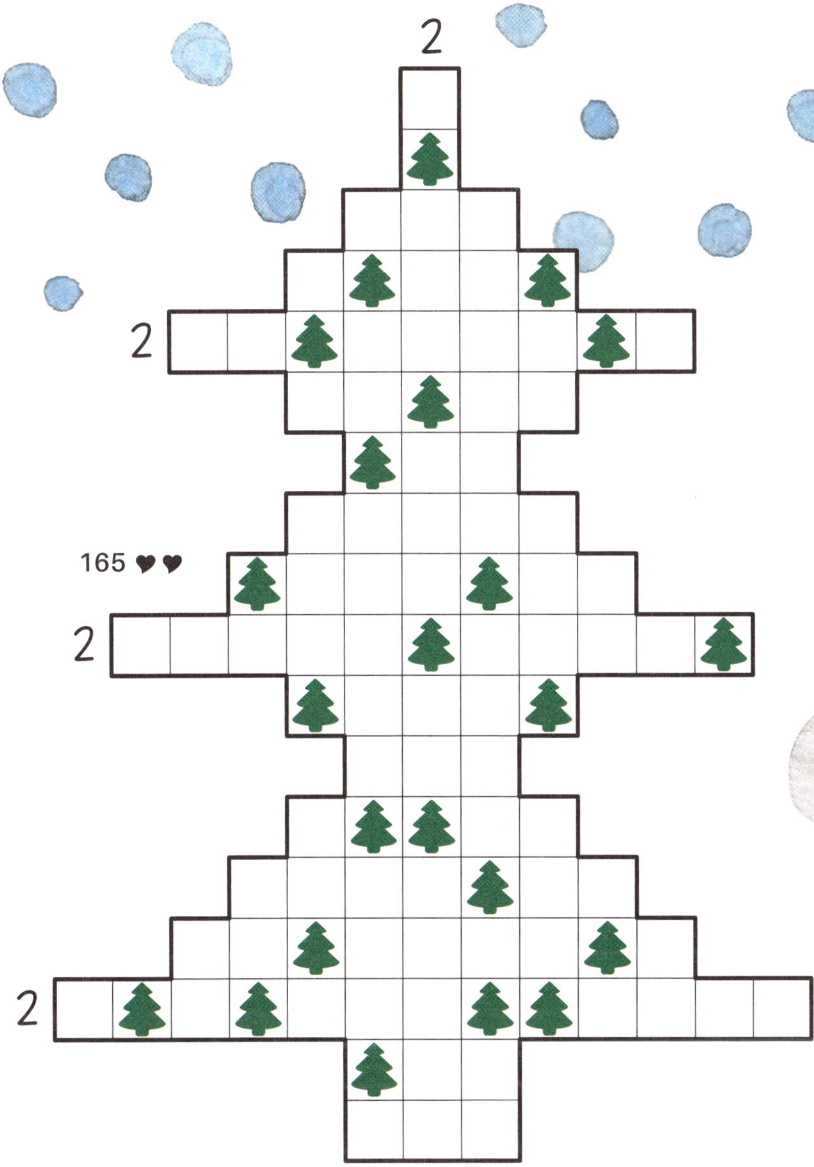

166 ♥♥♥

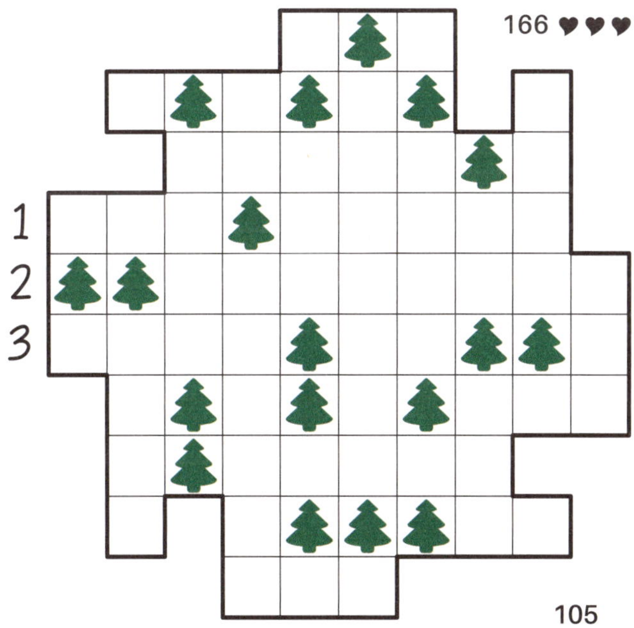

Radar

Schneegestöber

Der Skiort Mawos ist komplett eingeschneit. Man kann noch nicht einmal mehr die Häuser erkennen und daher die Schneefräse nicht losschicken. Zum Glück ist die lokale Einsatzleitung mit modernster Technik ausgestattet. Mit einem Schnee-Röntgen-Gerät können die Helfer vom Rand her ermitteln, wie viele Felder in der entsprechenden Zeile oder Spalte von einem Haus belegt sind. Zudem ist noch bekannt, dass alle Häuser rechteckig sind, mindestens 2x2 Felder groß und sich nirgends berühren, auch nicht über Eck.

Wo stehen die Häuser?

	4	4	2	5	3	2	7	7	7
8									
8									
0									
3									
3									
3									
2									
7									
7									

167 ♥

	2	5	7	4	7	5	0	7	7
6									
6									
4									
2									
7									
7									
0									
6									
6									

168 ♥♥

169 ♥♥♥

	2	2	6	6	6	6	0	6	6
6									
6									
2									
6									
6									
4									
6									
2									
2									

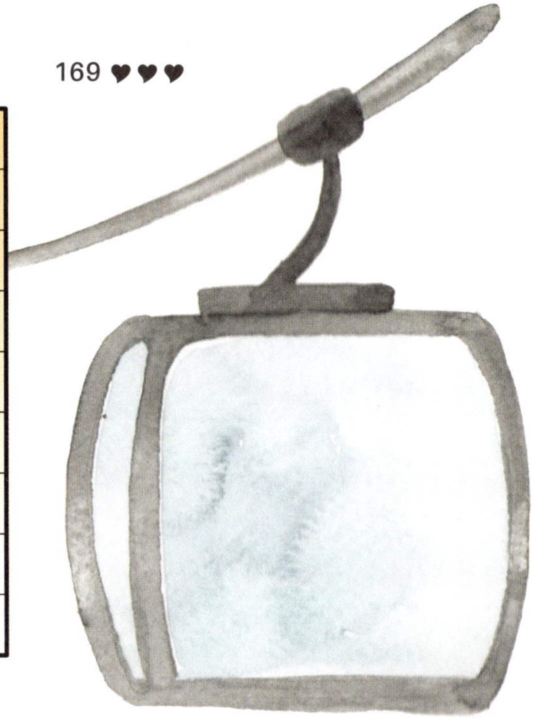

170 ♥♥♥

	5	8	3	2	7	7	5	8	8
4									
7									
7									
2									
7									
5									
7									
7									
7									

Sternennacht

Trage in das Diagramm Sterne so ein, dass sich in jeder Zeile, jeder Spalte und jedem fett umrandeten Gebiet genau zwei Sterne befinden. Die Sterne haben jeweils die Größe eines Kästchens und dürfen einander nicht berühren, auch nicht diagonal.

171 ♥♥

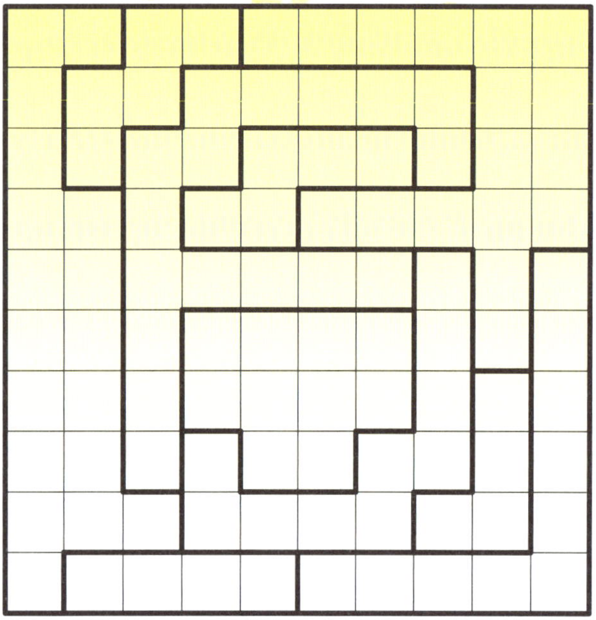

172 ♥♥

173 ♥♥♥

174 ♥♥♥

Schneeflocke

Trage die nachfolgenden Wörter so in das Diagramm ein, dass jedes Wort genau einmal vorkommt. Die Wörter dürfen dabei vorwärts oder rückwärts geschrieben werden.

3: ELF, INA, MUS, RAT, RUF, TON

4: ALEX, BEIN, BROT, CLAN, ELBA, ELCH, ENTE, FASS, FRÜH, NOTE, NUSS, ROMA, SATT, SATZ, SPAN, SPUR, TINA, TREU

175 ♥♥

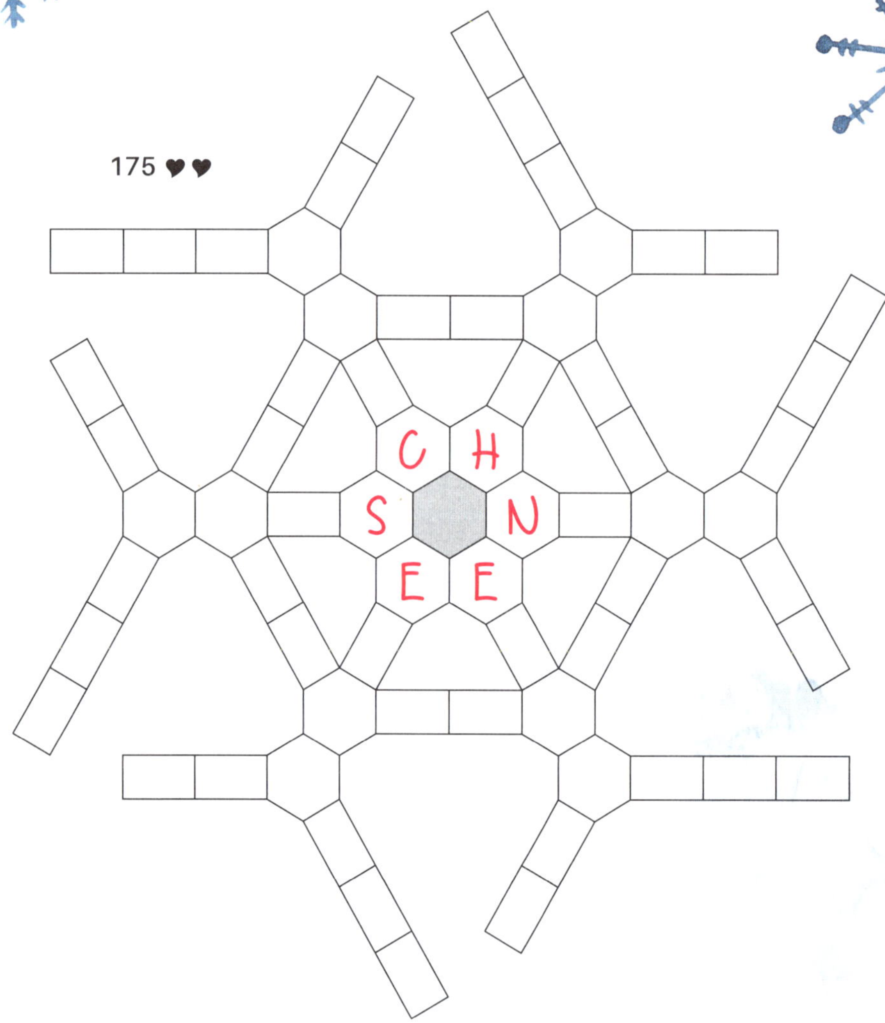

Oh Tannenbaum!

Finde den Weg durch das Labyrinth.

Lichterketten

Zeichne den Verlauf des Stromkabels ein. Dieses bildet einen Rundweg, der durch alle Felder mit Kerzen hindurchgeht. Die Teilstrecken des Kabels verlaufen waagerecht und senkrecht von Feldmittelpunkt zu Feldmittelpunkt. In Feldern mit einer roten Kerze muss das Kabel im 90°-Winkel abbiegen und durch die beiden Felder davor und danach geradeaus hindurchgehen. Durch Felder mit einer weißen Kerze muss das Kabel geradeaus hindurchgehen und in mindestens einem der Felder davor und danach im 90°-Winkel abbiegen. Das Kabel darf durch kein Feld mehrmals hindurchgehen.

178 ♥♥

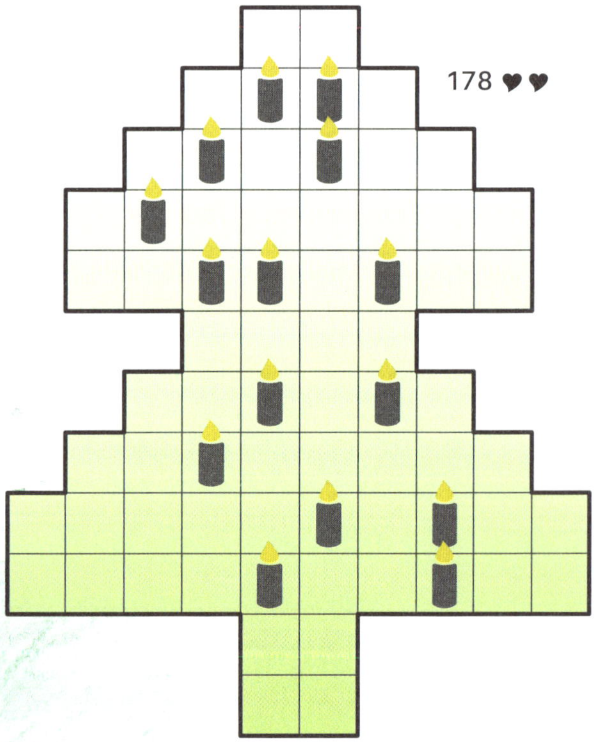

177 ♥

179 ♥♥♥

Sternbilder

Zerlege das Diagramm entlang der Gitterlinien in Gebiete. Jedes Gebiet muss genau einen Kreis enthalten und punktsymmetrisch bezüglich dieses Kreises sein. Färbe dann alle Gebiete mit einem schwarzen Punkt, um ein Lösungsbild zu finden.

180 ♥♥♥

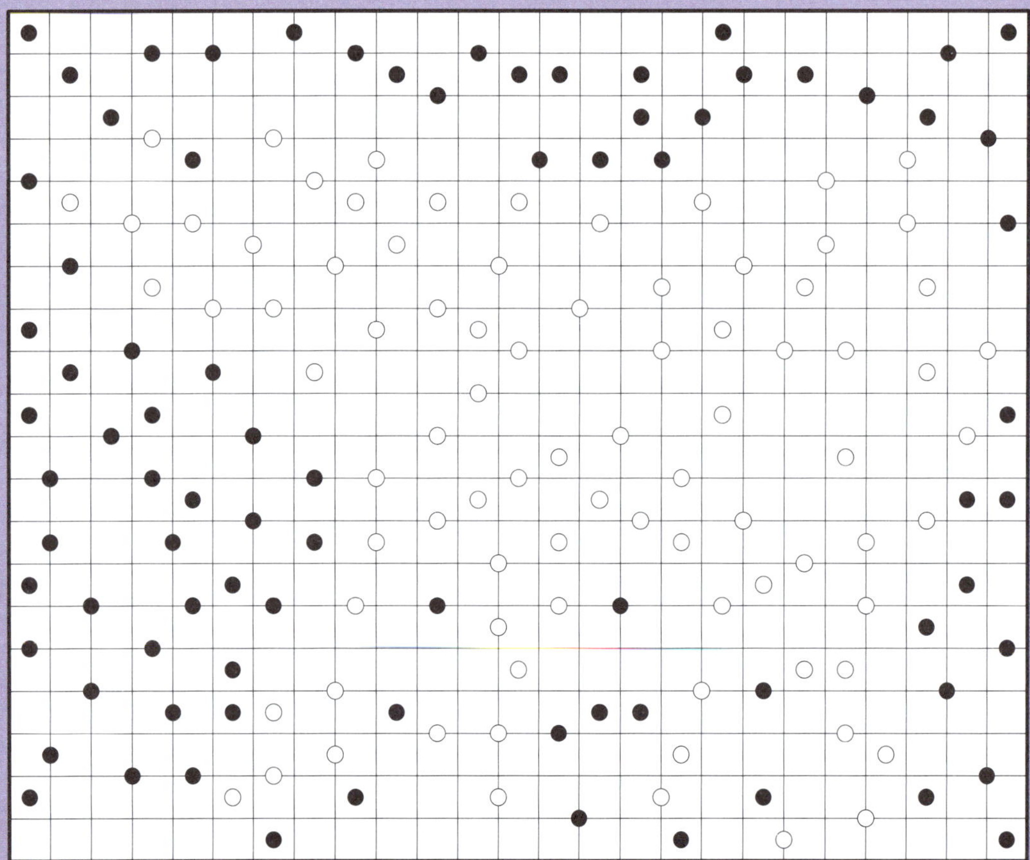

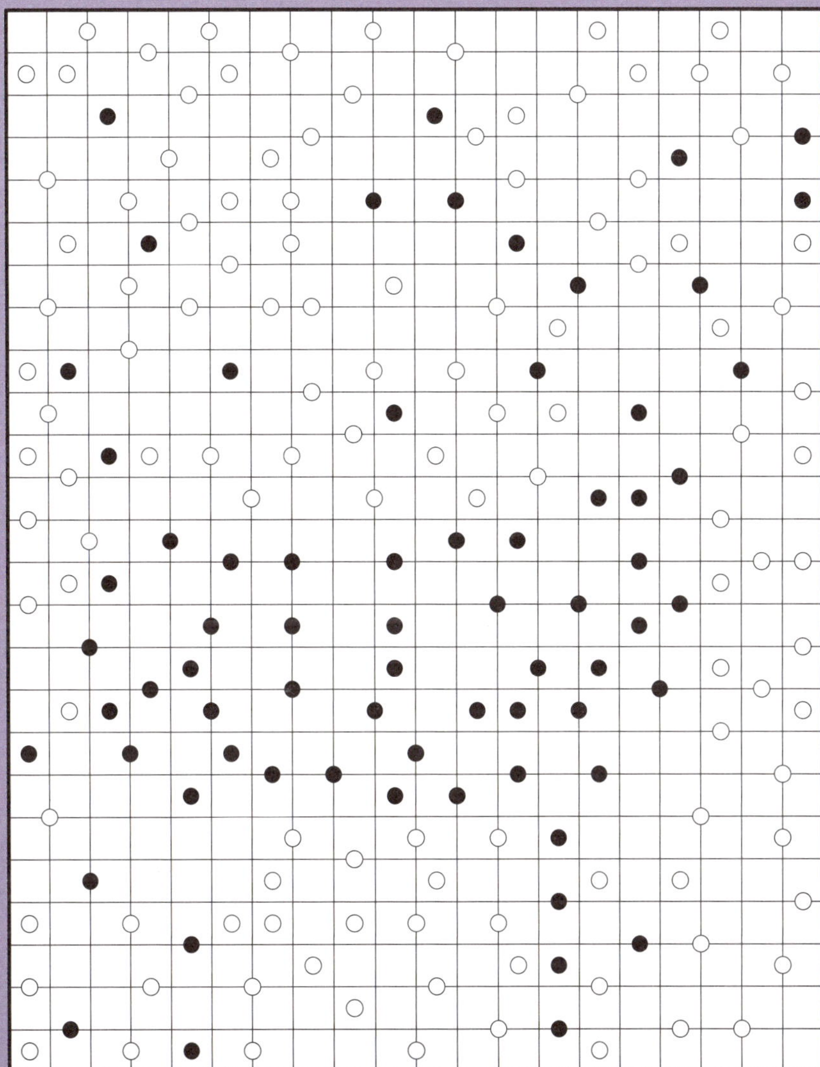

181 ♥♥♥

Geschenkewald

Trage waagerecht oder senkrecht neben jedem Baum ein Geschenk ein, das zu diesem Baum gehört. Die Geschenke dürfen sich dabei nicht berühren, auch nicht diagonal. Die Zahlen am Rand geben an, wie viele Geschenke sich in der entsprechenden Zeile oder Spalte befinden.

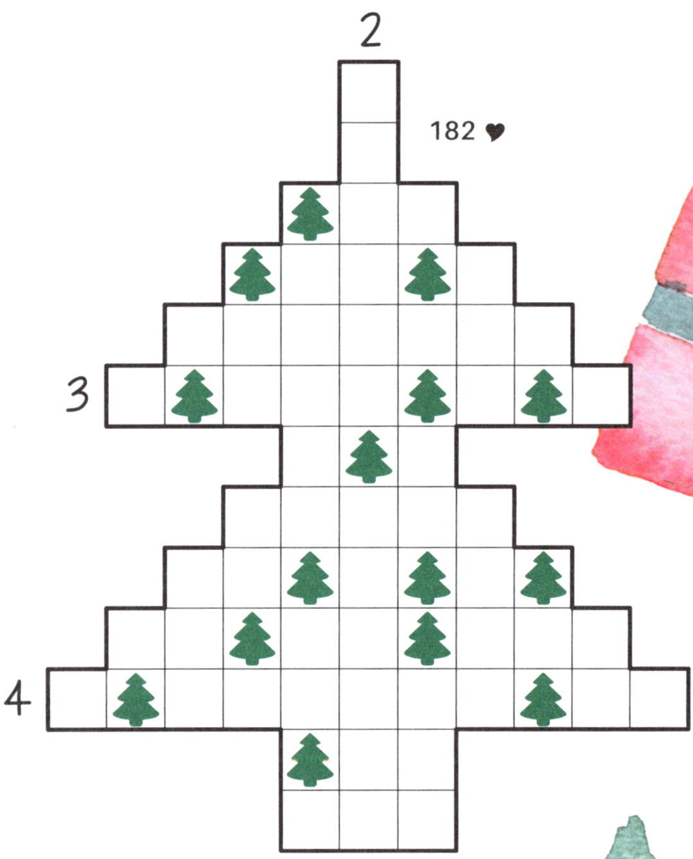

182 ♥

183 ♥♥

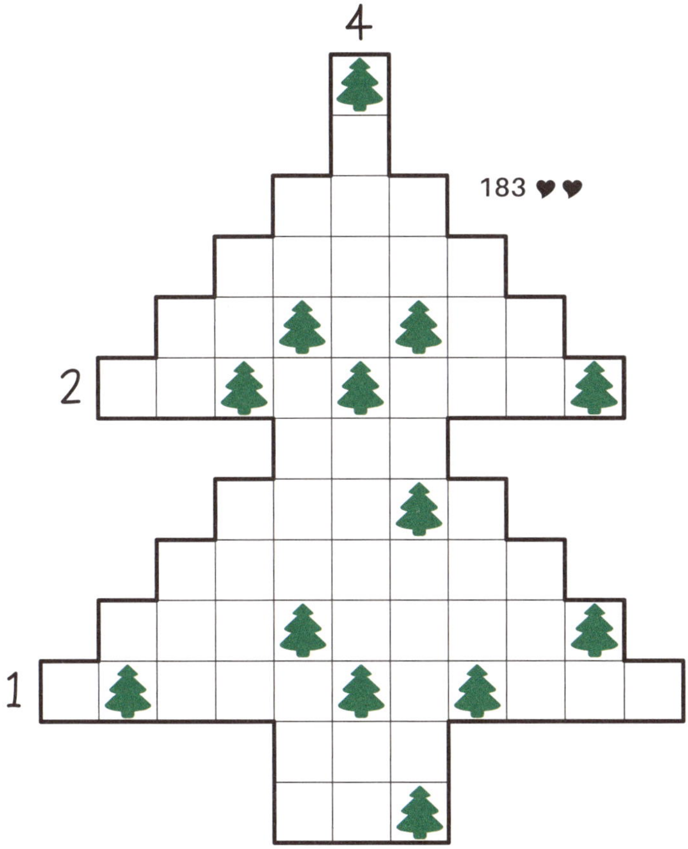

184 ♥♥♥

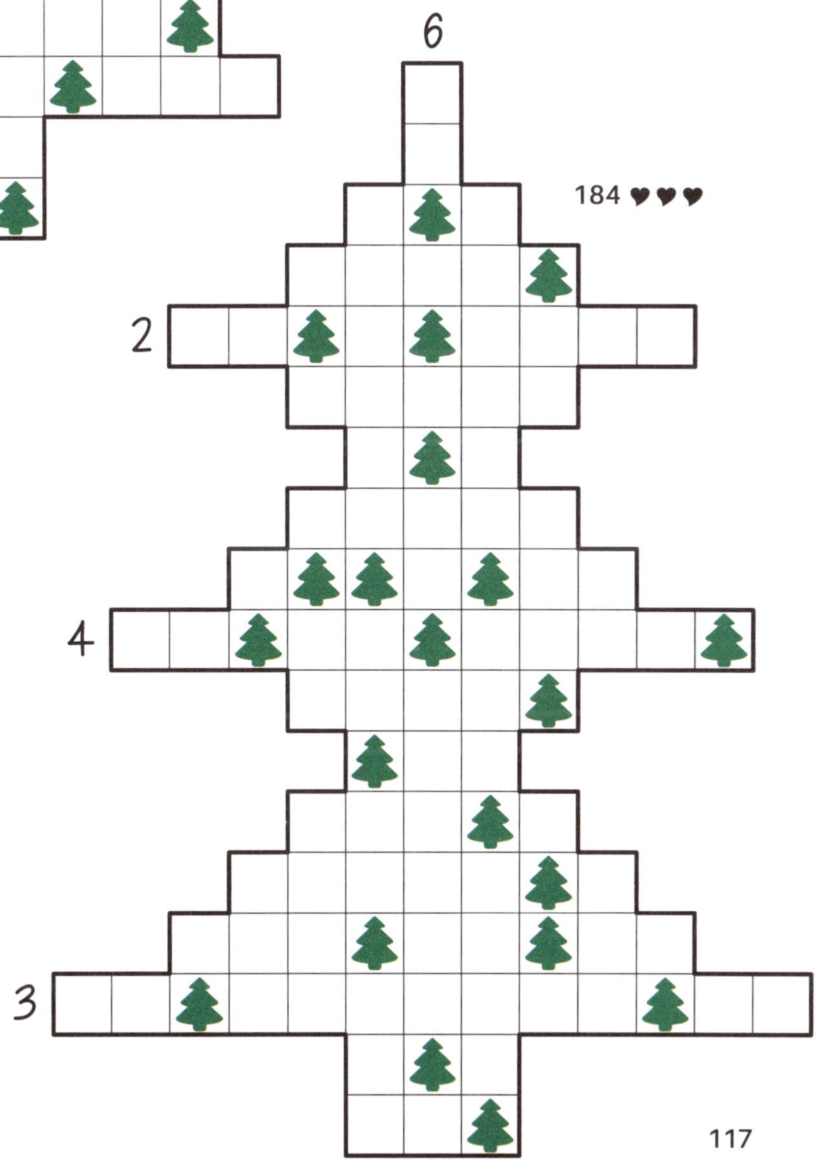

Wörterwusel

Die nachfolgend aufgelisteten Wörter sind waagerecht, senkrecht, diagonal sowie vorwärts oder rückwärts geschrieben im Diagramm versteckt. Wenn du alle Wörter gefunden hast, ergeben die verbleibenden Buchstaben zeilenweise ein Lösungswort.

APFELWEIN, EILBOTE, EISZAPFEN, FROSTBLAU, KAMINFEUER, NACHHOLEN, NEUSCHNEE, OBWOHL, OSTSEE, RUHETAGE, SCHEIN, SUPERNOVA, WEHEN, ZIERDE, ZITRONE

185 ♥♥

R	N	E	L	E	E	S	T	S	O
E	E	E	N	H	C	S	U	E	N
U	G	I	F	H	O	P	A	E	S
E	L	A	E	P	E	W	L	A	Z
F	T	I	T	R	A	O	B	I	I
N	N	O	N	E	H	Z	T	O	E
I	E	O	B	H	H	R	S	U	R
M	V	H	C	L	O	U	O	I	D
A	F	A	E	N	I	E	R	N	E
K	N	I	E	W	L	E	F	P	A

LÖSUNGSWORT: ....

Schneeflocke

Trage die nachfolgenden Wörter so in das Diagramm ein, dass jedes Wort genau einmal vorkommt. Die Wörter dürfen dabei vorwärts oder rückwärts geschrieben werden.

3: BUS, ROM, SEE, SKI, TEE, TIM

4: ÄHRE, AUGE, BLEI, BREI, BUCH, DOSE, IBIS, KUSS, RABE, REBE, REIM, RIGA, ROSA, ROST, SKAT, STAR, TUBA, TUCH

186 ♥♥

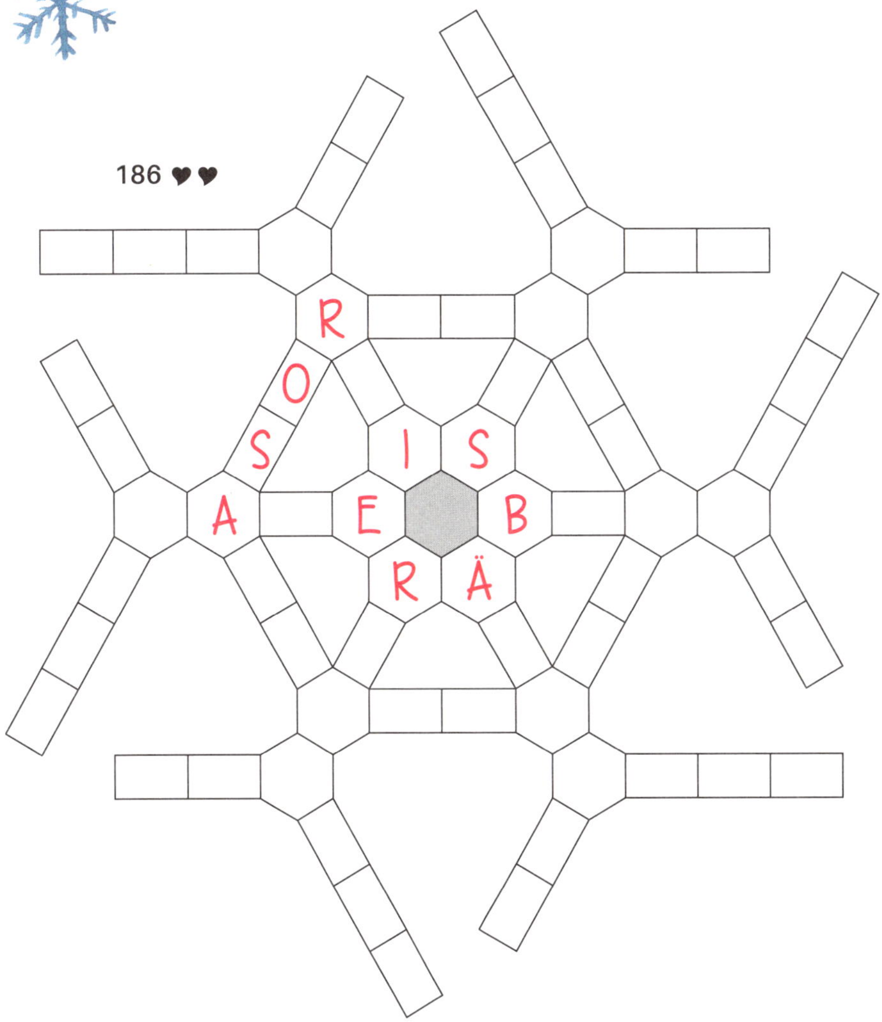

Stern-Sudoku

Schreibe die Zahlen von 1 bis 9 so in die Felder der Sterne, dass sich in jeder Reihe und jedem Gebiet jede der Zahlen von 1 bis 9 genau einmal befindet. Dabei zählen die Felder an den Spitzen zur nächstgelegenen Reihe dazu.

187 ♥♥

188 ♥♥♥

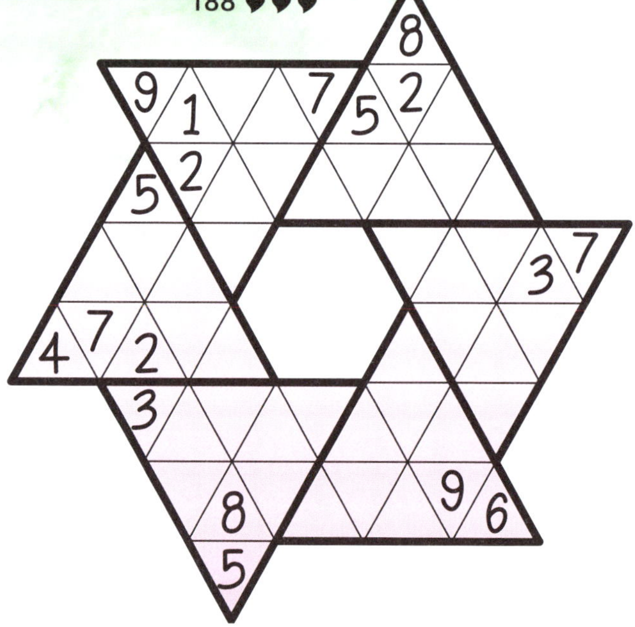

189 ♥♥♥

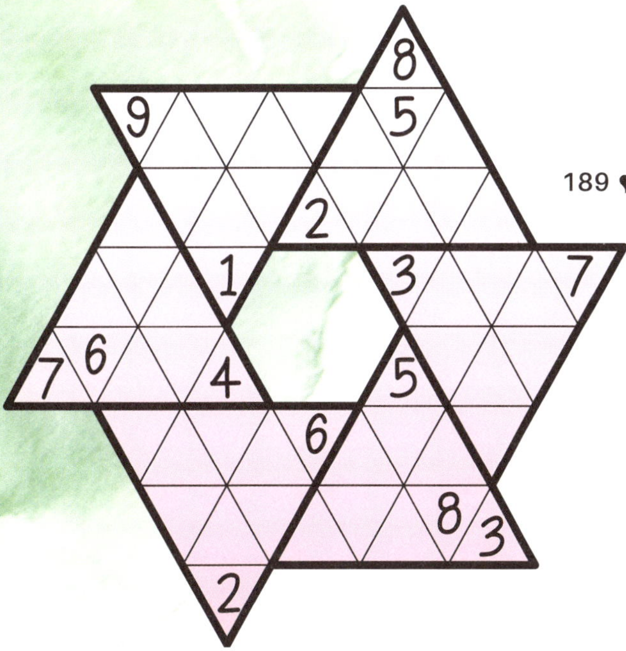

190 ♥♥♥

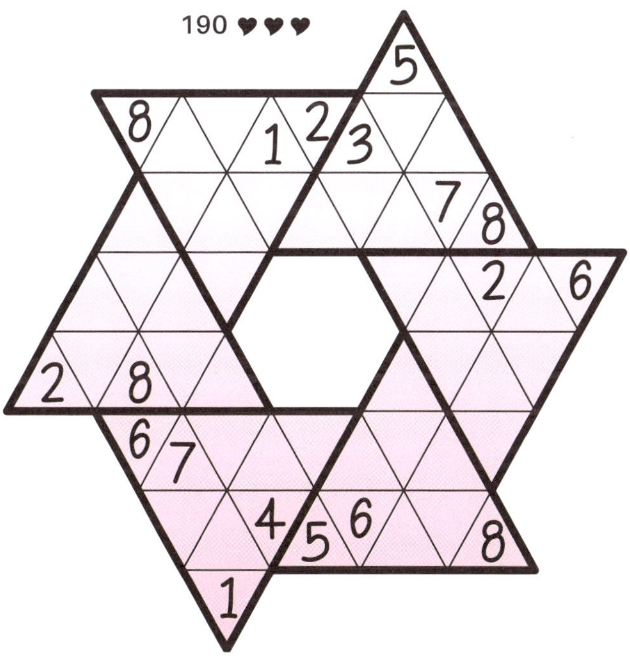

Winterspaziergang

Nach dem großen Weihnachtsessen heißt es nun hübsch ab nach draußen, sich die Beine vertreten. **Welche Route wird jeweils gewählt?**

Zeichne entlang der gepunkteten Linien einen geschlossenen Weg ein, wobei nicht alle Gitterpunkte durchlaufen werden müssen. Die Zahlen in den Feldern geben an, wie viele der benachbarten Kanten für den Weg verwendet werden. Der Weg darf sich nicht selbst kreuzen oder berühren.

191 ♥♥

192 ♥♥♥

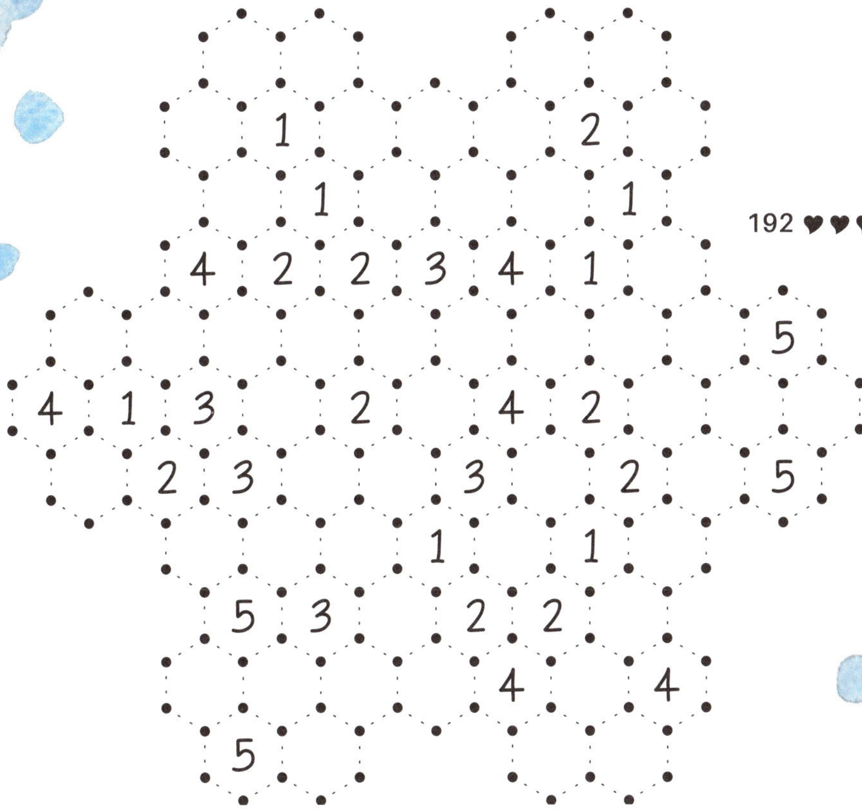

193 ♥♥♥

Tannenbäume

In diesem Jahr sehen die Weihnachtsbäume der vier Familien in der Rentier-Straße komplett unterschiedlich aus: Sie sind unterschiedlich groß, haben unterschiedliche Christbaumkugeln und ein individuelles Dekor. Frau Jolanda, die Kassiererin des nahegelegenen Tante-Emma-Ladens, hat aus den Kundengesprächen Folgendes herausgehört:

1 Familie Hildebrand ist nicht die Familie mit dem Stern auf dem Christbaum. | **2** Der Baum mit den roten Kugeln ist größer als der Baum mit dem Engel. | **3** Der Baum mit den goldenen Kugeln ist größer als der der Familie Gruber. | **4** Der Baum mit dem Stern ist größer als der Baum der Familie Hausmann, welcher wiederum größer ist als der der Familie Ricken. | **5** Der Baum mit den weißen Kugeln, der nicht der Baum der Familie Hausmann ist, ist größer als der Baum mit den Geschenken.

Wie sehen die vier Weihnachtsbäume aus?

194 ♥♥♥

		Größe				Kugelfarbe				Dekor			
		sehr klein	klein	mittel	groß	rot	weiß	silber	gold	Engel	Stern	Lametta	Geschenke
Familie	Ricken												
	Hausmann												
	Hildebrand												
	Gruber												
Dekor	Engel												
	Stern												
	Lametta												
	Geschenke												
Kugelfarbe	rot												
	weiß												
	silber												
	gold												

Wörterwusel

Die nachfolgend aufgelisteten Wörter sind waagerecht, senkrecht, diagonal sowie vorwärts oder rückwärts geschrieben im Diagramm versteckt. Wenn du alle Wörter gefunden hast, ergeben die verbleibenden Buchstaben zeilenweise ein Lösungswort.

AST, BEEREN, ELFE, FASANE, FREI, FROST, GEWÖLBE, GLÄNZEN, GÜTIG, HASE, HEUTE, HÖHLEN, IGEL, KAKAO, NEBEL, NUSS, PARADIES, STILLE, SUCHE, TANNE, VOGEL, WALDWEG, WANDERUNG, WISENT, ZWEIG

195 ♥♥♥

S	S	U	N	E	Z	N	Ä	L	G
S	T	N	E	S	I	W	B	S	Ü
U	T	E	B	L	Ö	W	E	G	T
C	C	I	E	R	F	G	E	I	I
H	Ö	H	L	E	N	E	R	E	G
E	H	E	N	L	F	W	E	N	K
H	G	N	U	R	E	D	N	A	W
I	A	V	O	G	E	L	K	S	N
T	S	S	E	I	D	A	R	A	P
E	T	U	E	H	O	W	E	F	E

LÖSUNGSWORT: ....

Rätsellösungen

001

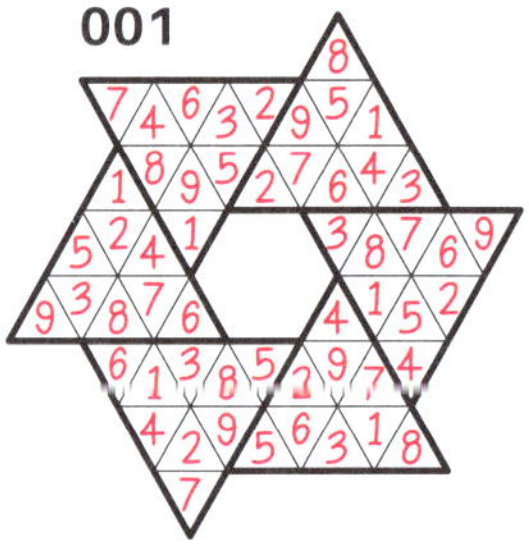

002

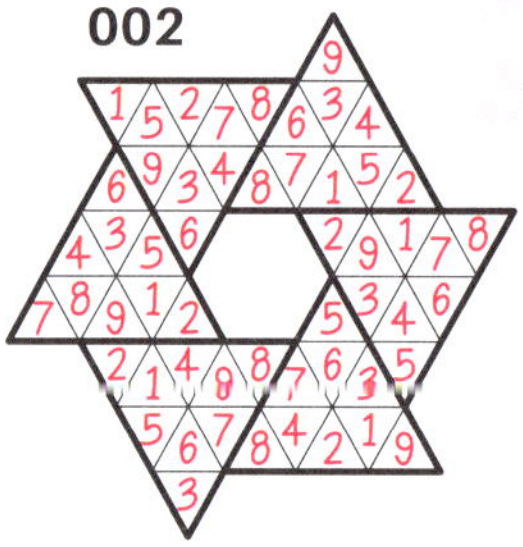

003

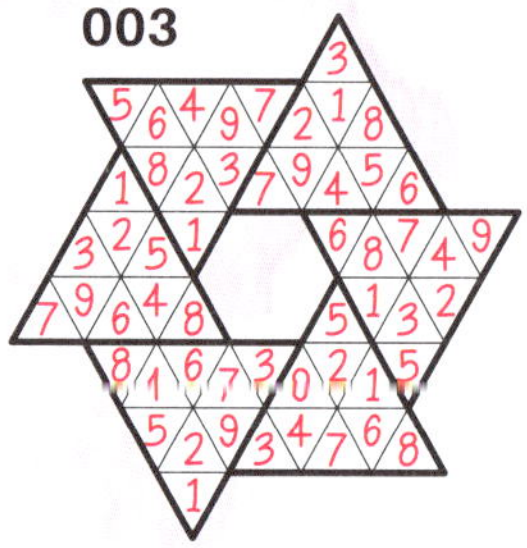

004

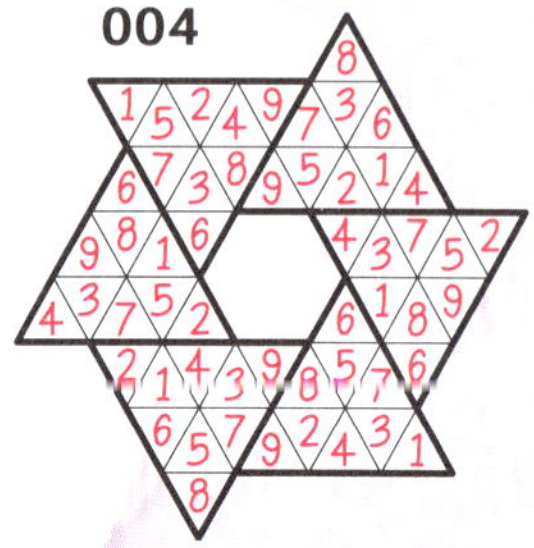

005

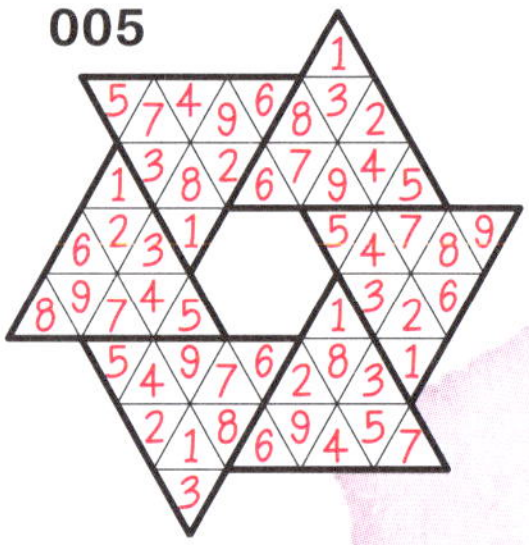

006

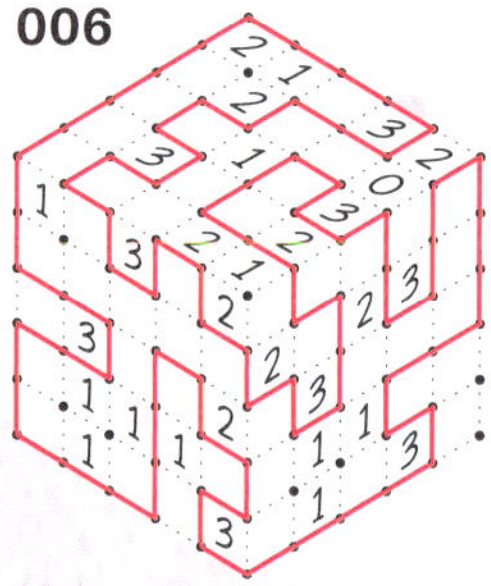

007

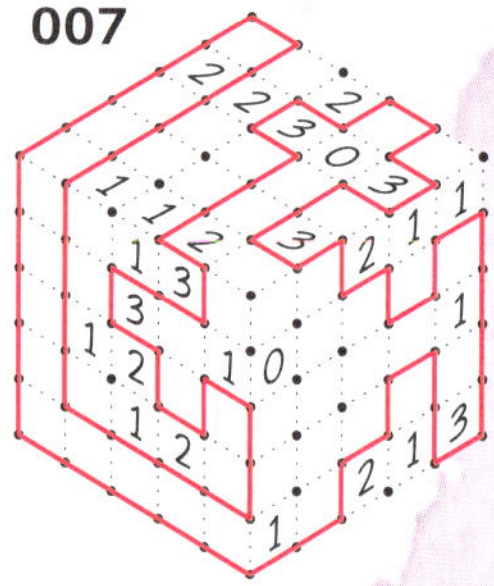

008

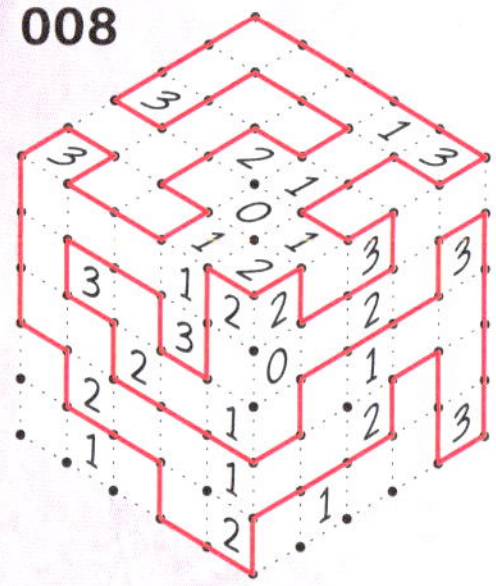

009

M	B	J	O	S	E	F	D	G	L
D	U	E	L	P	J	E	N	L	L
N	D	A	P	U	I	U	A	O	E
I	U	I	B	L	N	T	R	R	A
R	R	E	V	N	S	B	C	I	I
K	L	H	I	A	E	L	T	A	R
N	E	S	S	E	D	N	E	B	A
N	E	T	R	I	H	U	N	S	M
B	N	E	Z	R	E	K	N	A	E
K	N	E	H	C	S	E	G	G	T

»BELEUCHTUNG«

010

011

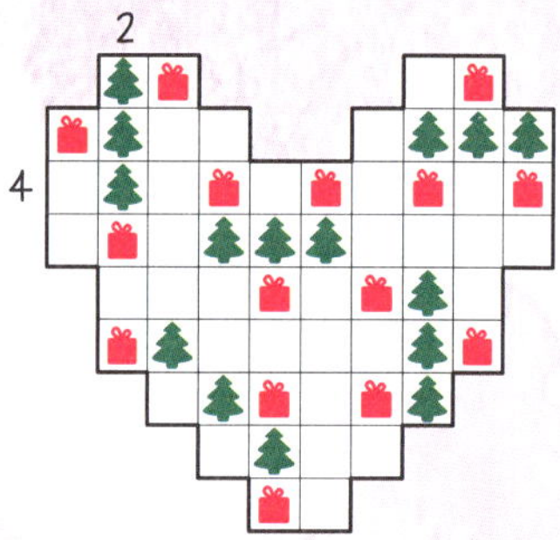

012

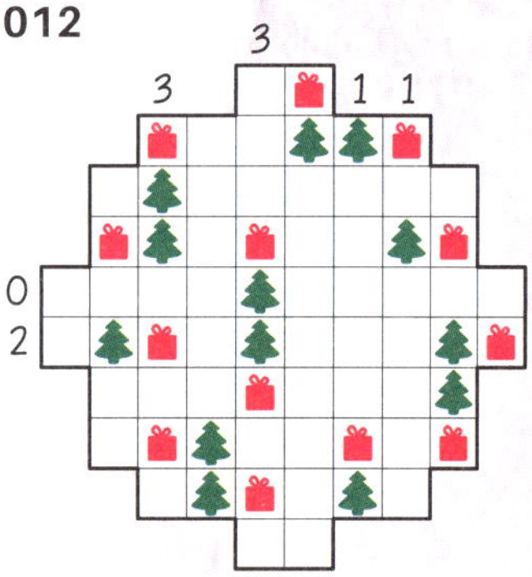

013

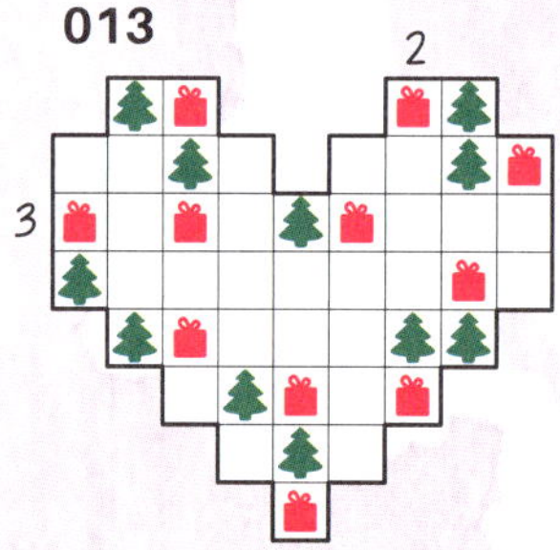

014

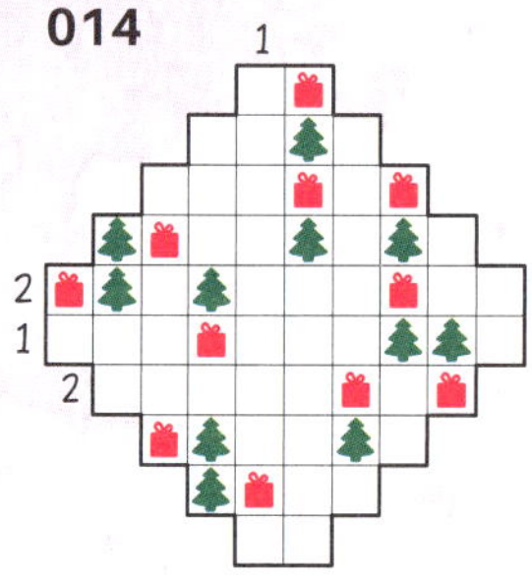

015

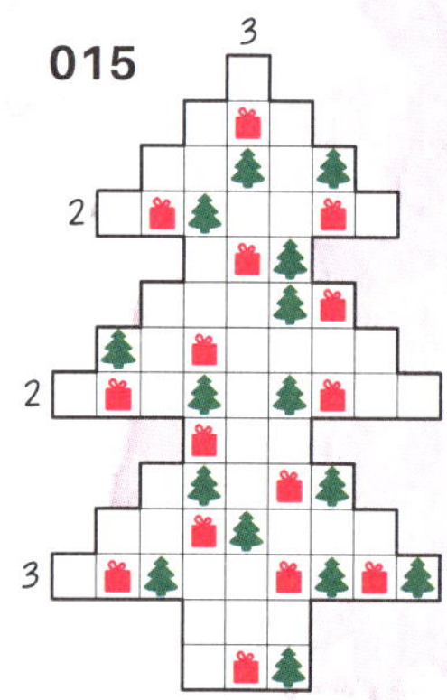

016

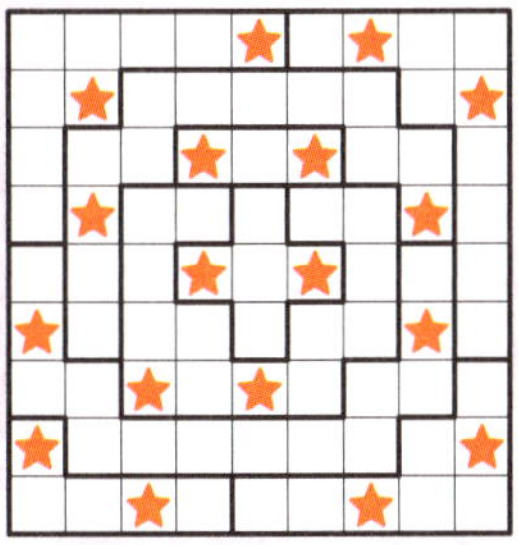

017

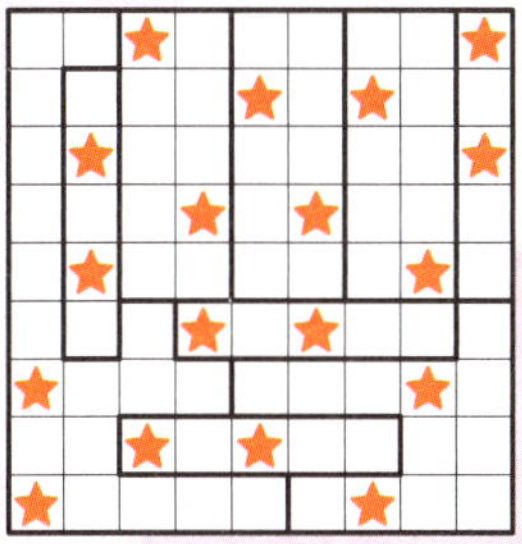

018

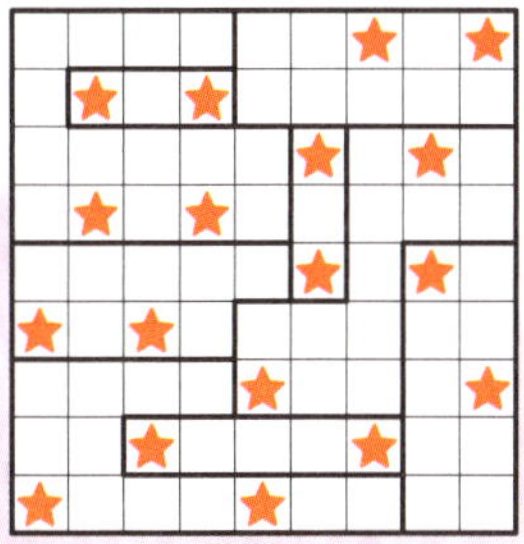

019

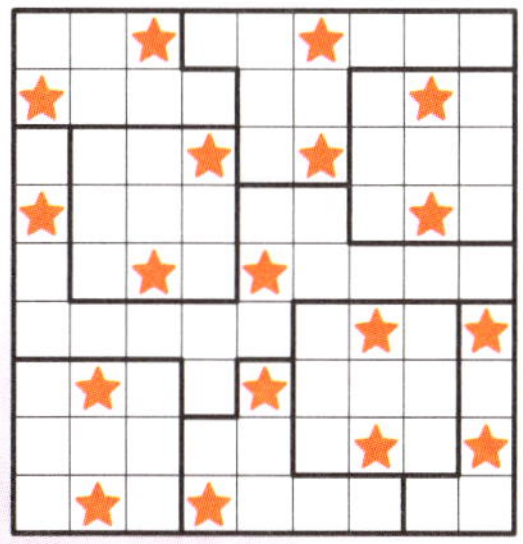

020

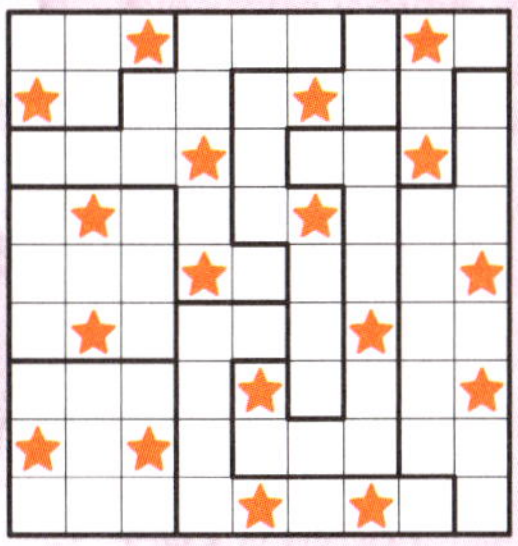

021

Bäcker	Farbe	Verzierung
Müller	dunkelbraun	Schokosplitter
Hochnagel	schwarz	Mandel
Falkenberg	beige	nichts
Spitz	hellbraun	Nuss
Haucher	weiß	Zuckerguss

022

»HONIGKUCHENPFERD«

023

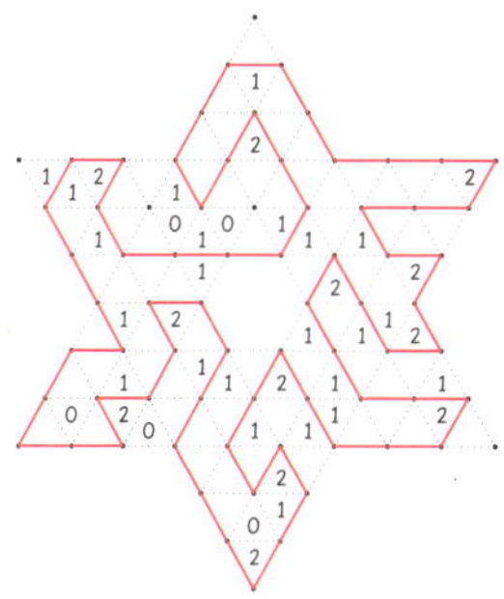

024

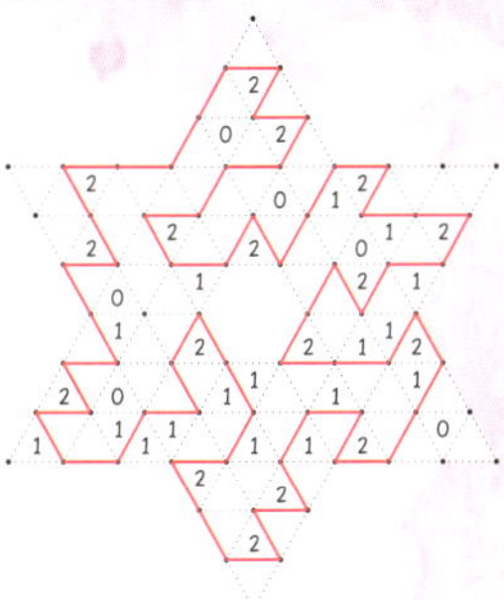

025

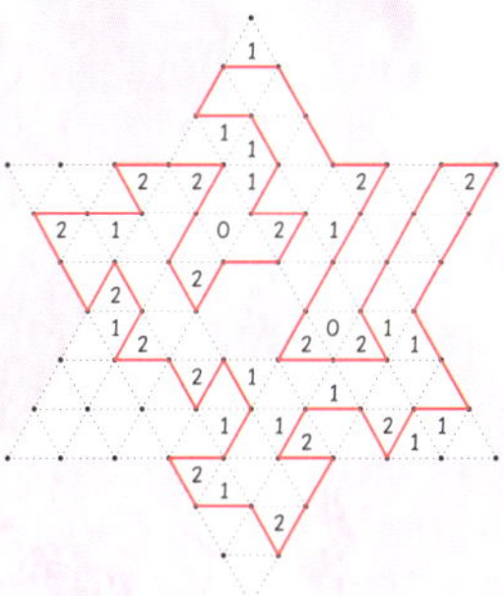

026

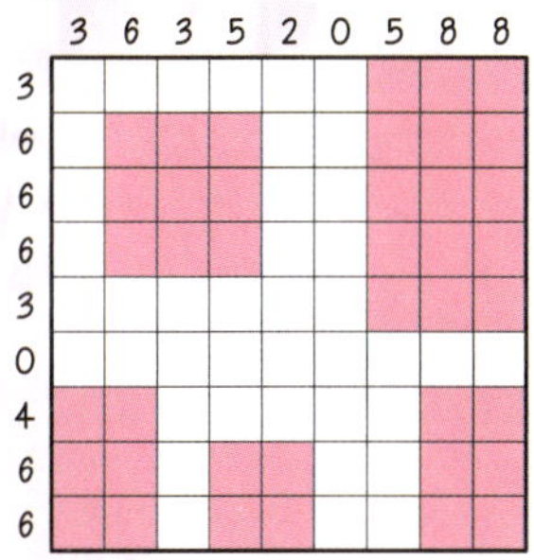

027

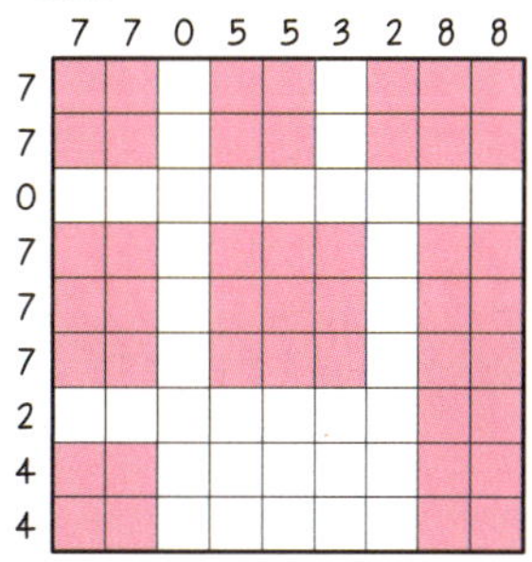

028

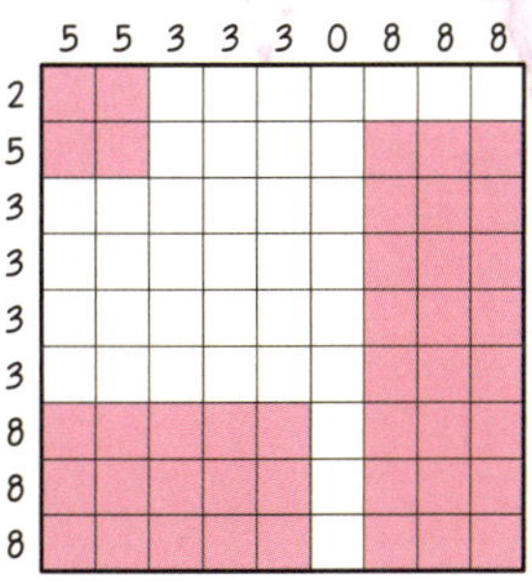

029

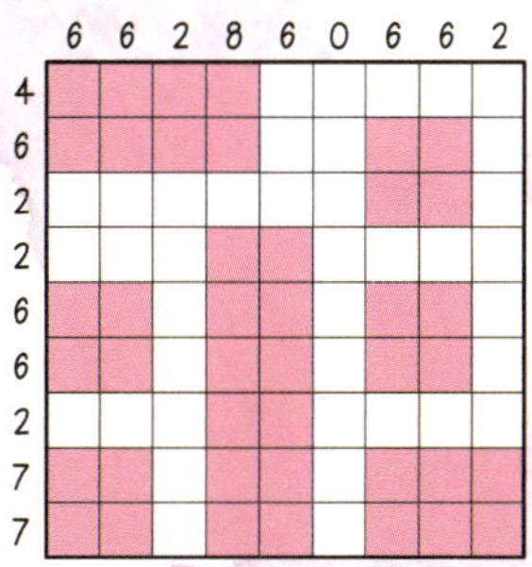

030

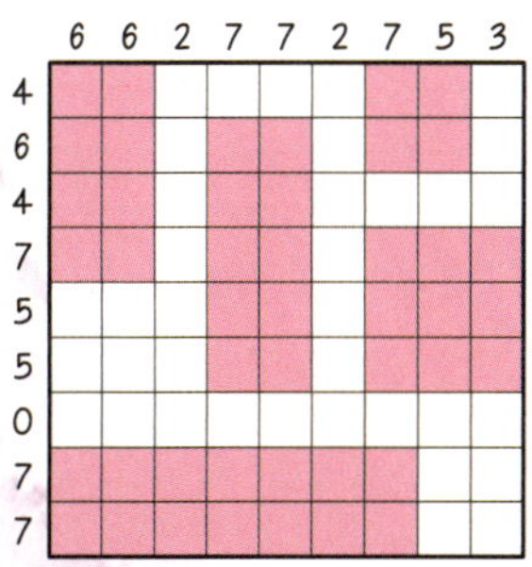

031

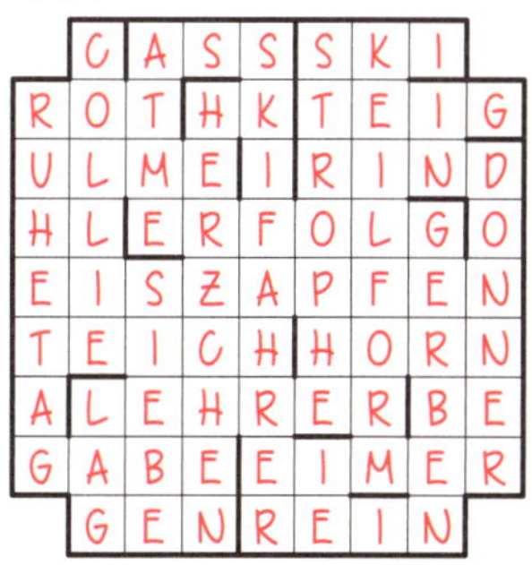

032

E	I	L	M	S	T
6	3	2	5	1	4

033

C	E	H	I	K	L	M	O	R	V
9	2	8	10	5	6	4	3	1	7

034

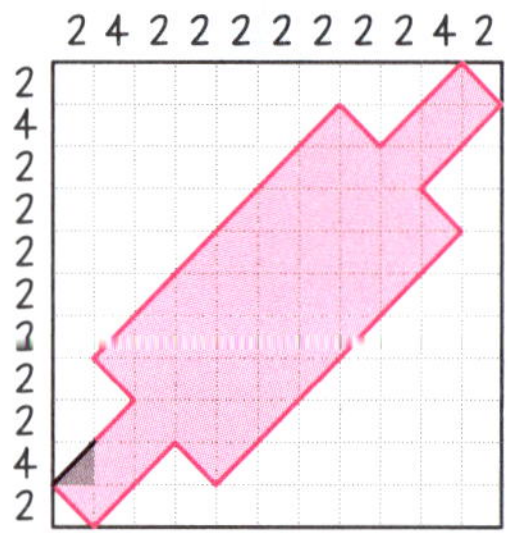

035

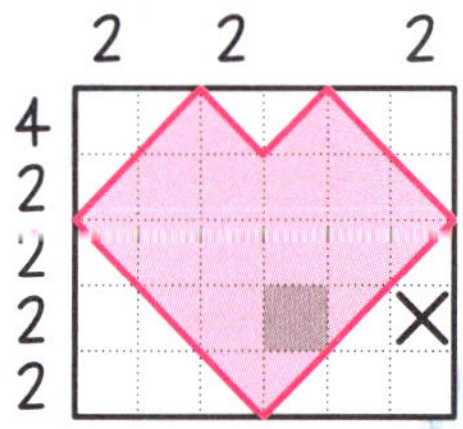

036

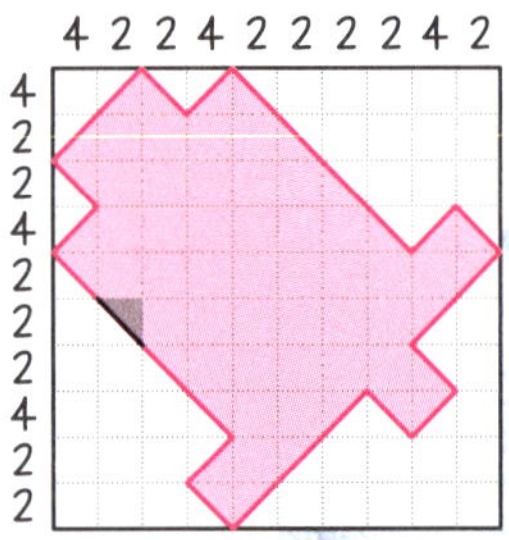

037

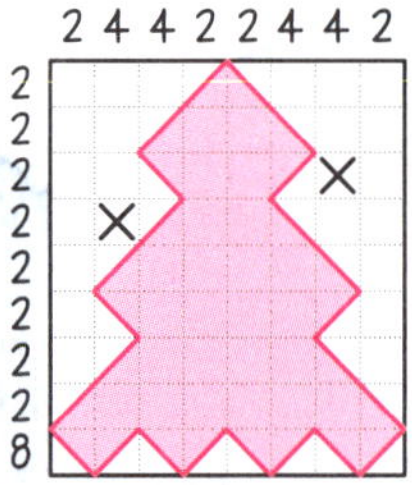

038

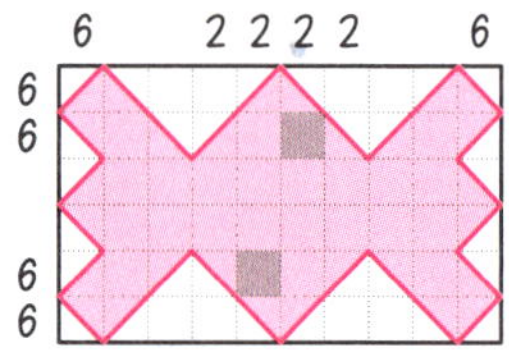

039

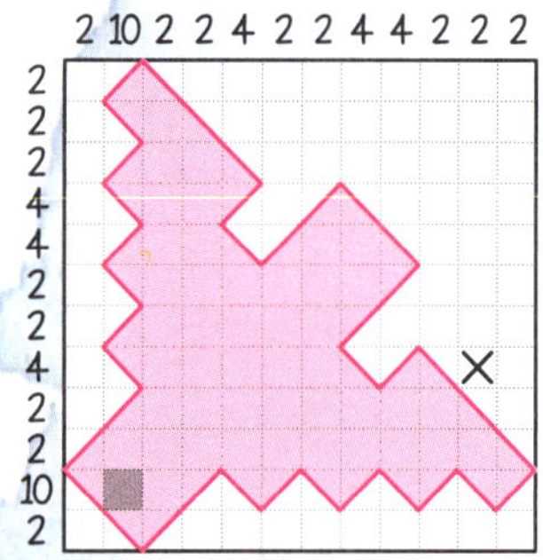

040

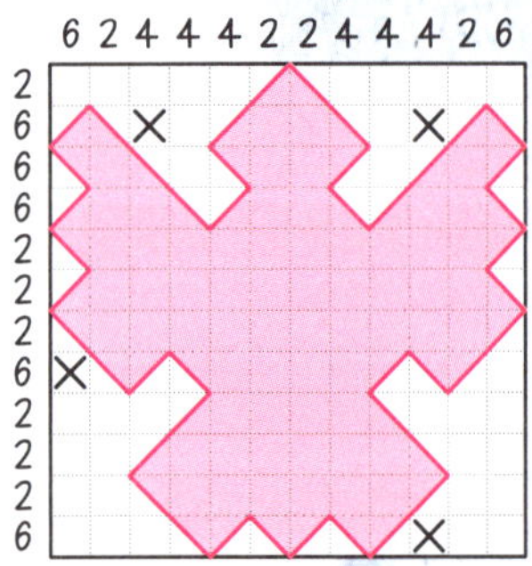

041

042

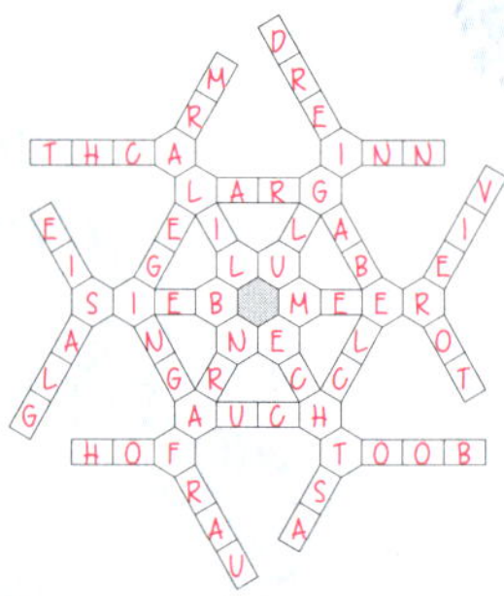

043

Name	Wunsch	Geschenk
Timm	Tablet	Bastelset
Joline	Handy	Bauklötze
Marja	Computer	Bilderbuch
Ben	Playstation	Brettspiel

044

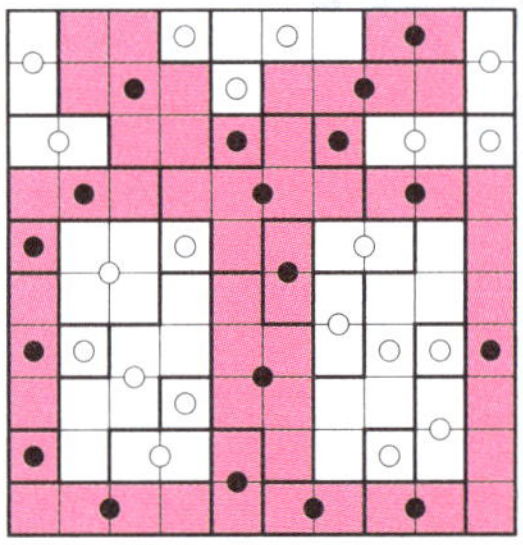

045

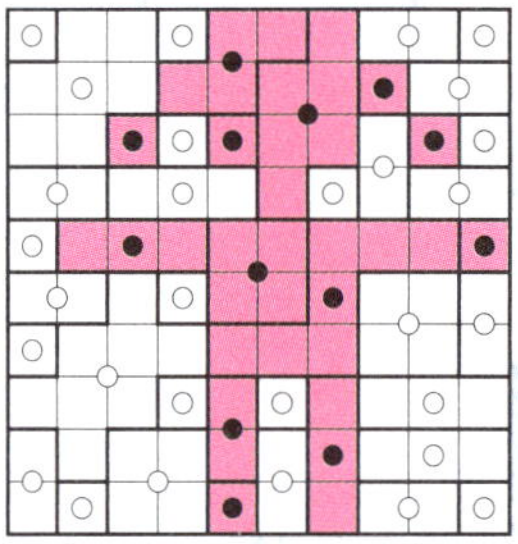

046

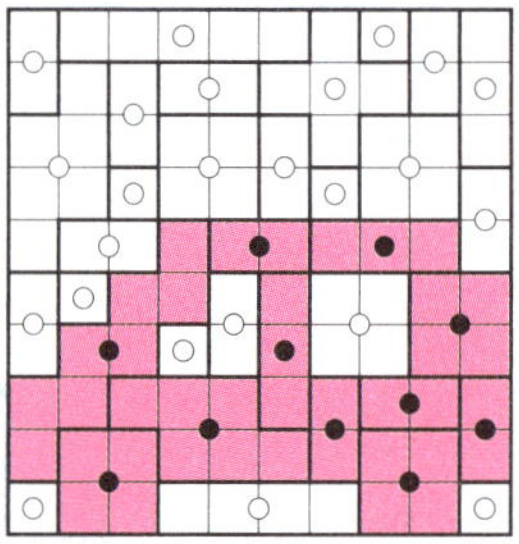

047

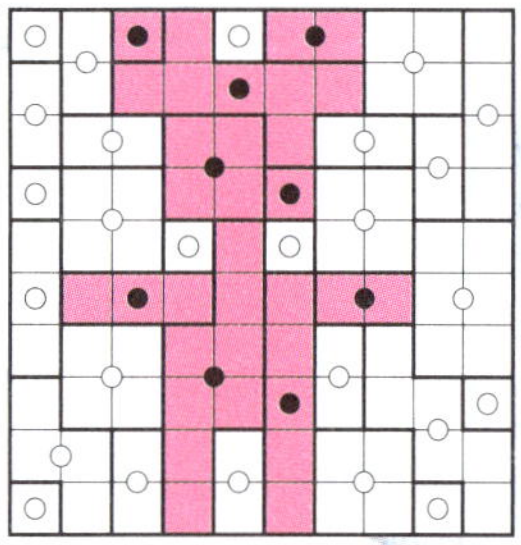

048

	11	21	51		1		
12	2	1		5	4	3	
15		2	1	3	5	4	
9	1		5	4		2	3
5		3	2		1	5	4
	5	4	3	1			2
2	3	5	4		2		1
	4			2	3	1	5

049

	3	3	2	12	4		13
10	🎁	4	5	1	🎁	3	2
9	3	2	1	🎁	4	5	🎁
12	🎁	5	3	4	🎁	2	1
	2	1	🎁	3	5	🎁	4
8	4	🎁	2	5	1	🎁	3
	1	3	🎁	🎁	2	4	5
10	5	🎁	4	2	3	1	🎁

050

		1	3	7	1	3	14
1	5	2	3	4	🎁	1	🎁
5	🎁	5	🎁	3	1	2	4
7	🎁	4	2	1	🎁	5	3
1	2	🎁	1	🎁	3	4	5
9	3	1	🎁	5	4	🎁	2
14	1	🎁	4	2	5	3	🎁
2	4	3	5	🎁	2	🎁	1

051

		14	14	4			2
10	5	🎁	1	3	4	2	🎁
	4	3	🎁	🎁	1	5	2
3	1	2	5	4	🎁	3	🎁
8	🎁	5	3	🎁	2	1	4
12	🎁	4	2	1	5	🎁	3
12	2	🎁	4	5	3	🎁	1
2	3	1	🎁	2	🎁	4	5

052

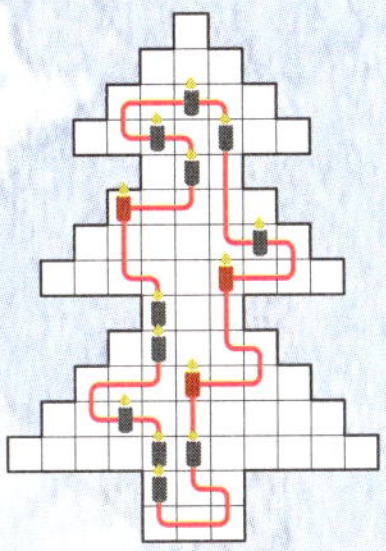

053

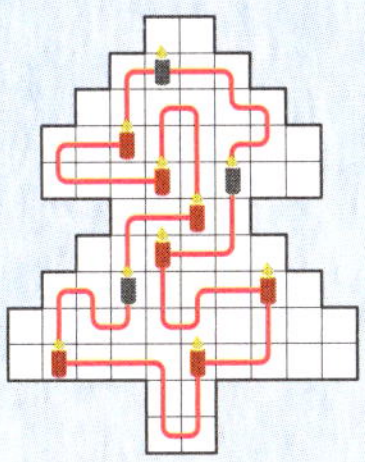

054

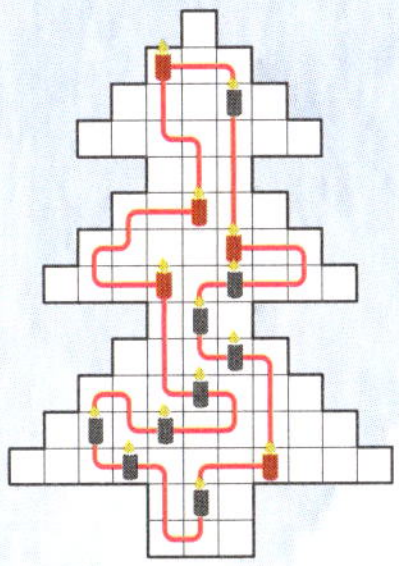

055

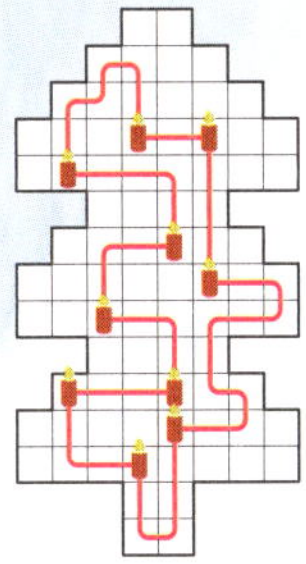

056

057

M	U	A	B	N	E	N	N	A	T
G	R	E	D	N	U	L	O	H	L
A	E	N	W	E	E	I	E	E	R
T	N	S	E	H	H	F	B	U	U
N	N	E	G	N	T	K	P	A	D
E	C	S	K	H	U	R	H	A	E
I	A	T	C	G	E	A	S	K	Z
R	A	U	H	C	O	N	S	R	O
E	R	E	H	T	E	L	K	O	R
F	N	T	R	U	B	E	G	E	P

»WEIHNACHTSKARTE«

058

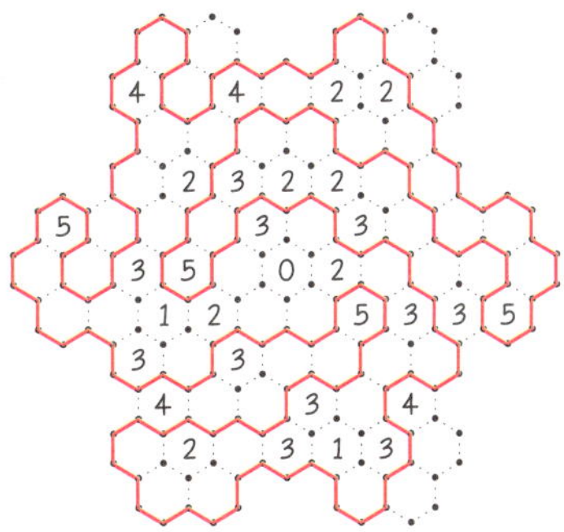

059

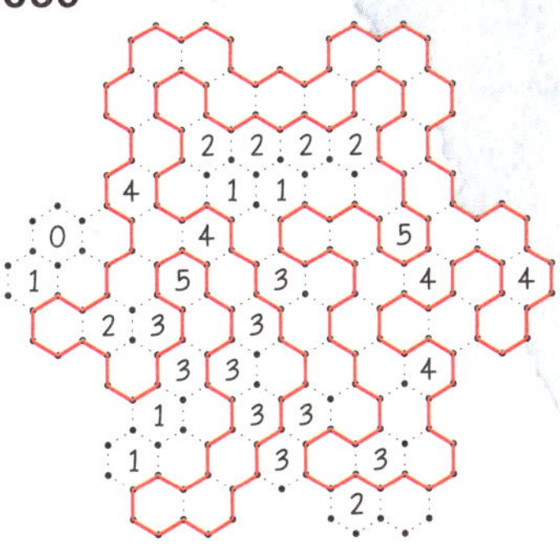

060

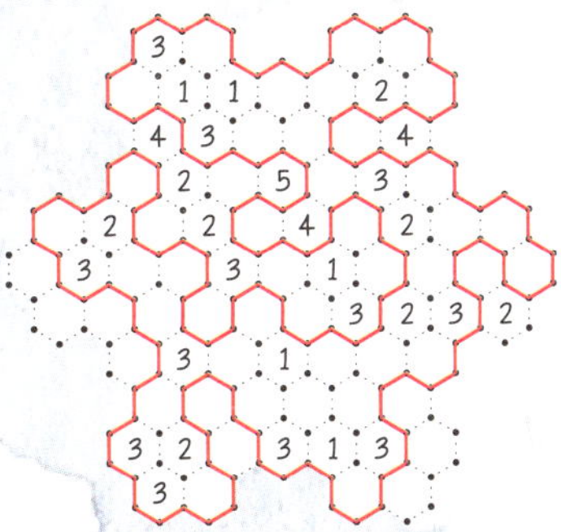

061

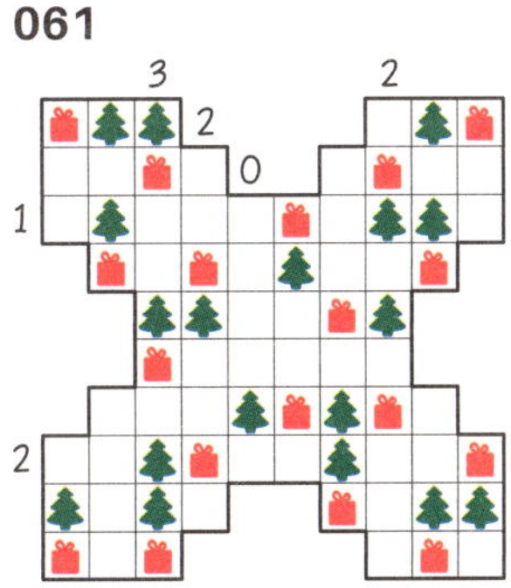

062

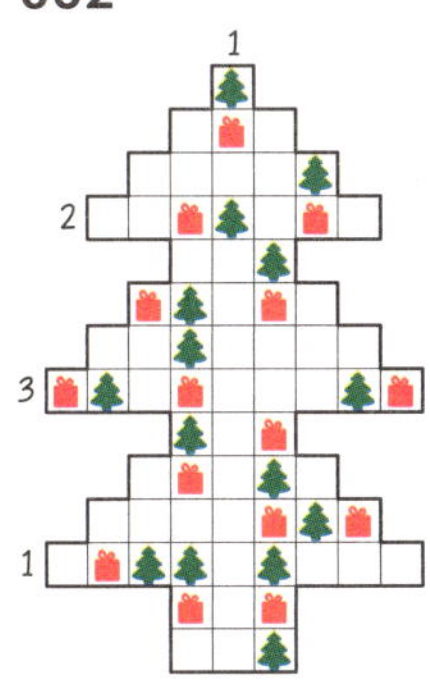

063

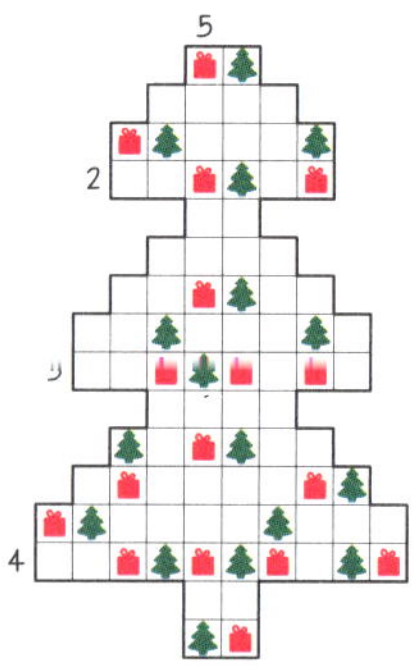

064

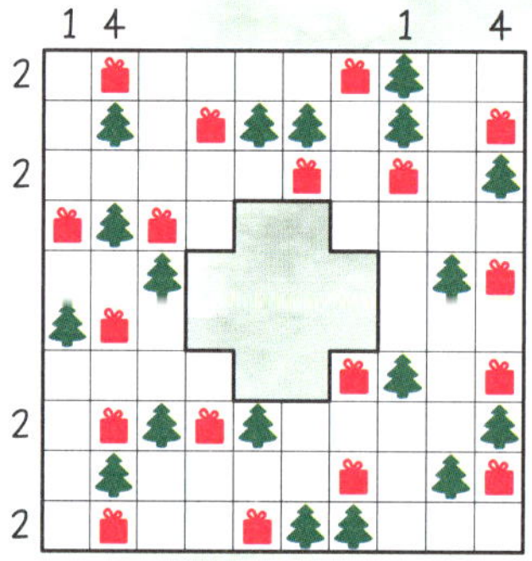

065

TAL

066

LIED

067

STERN

068

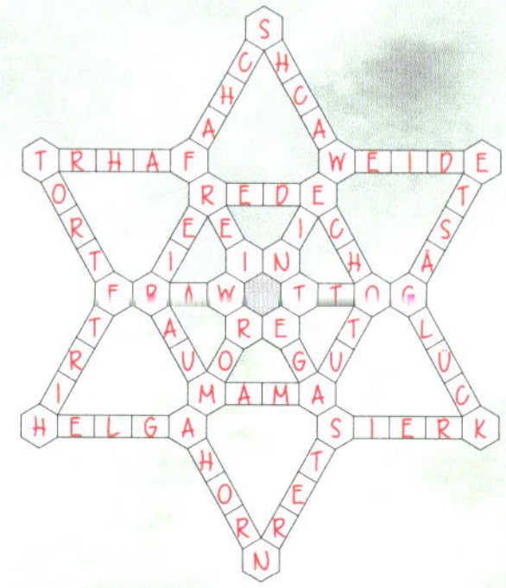

069

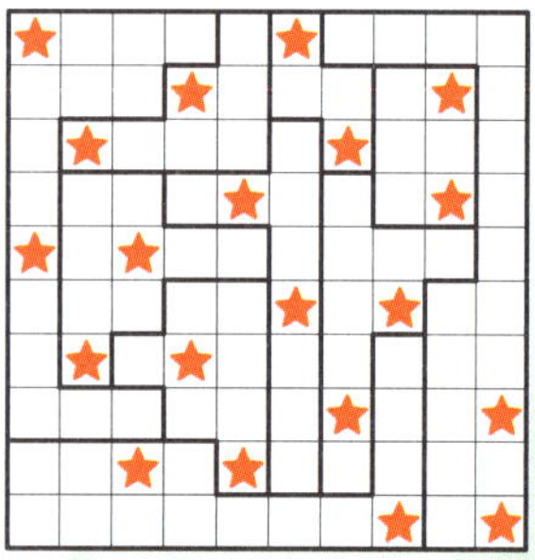

070

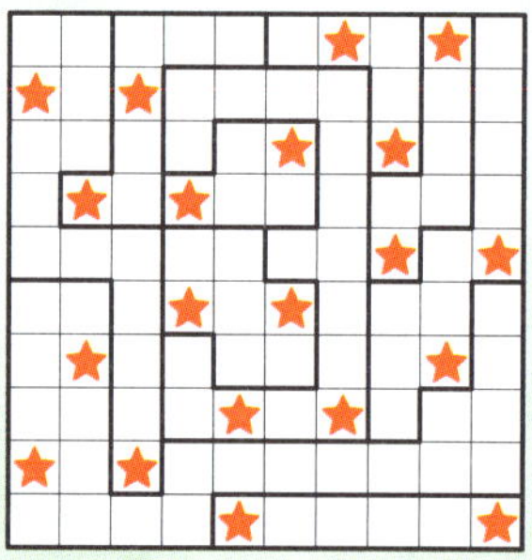

071

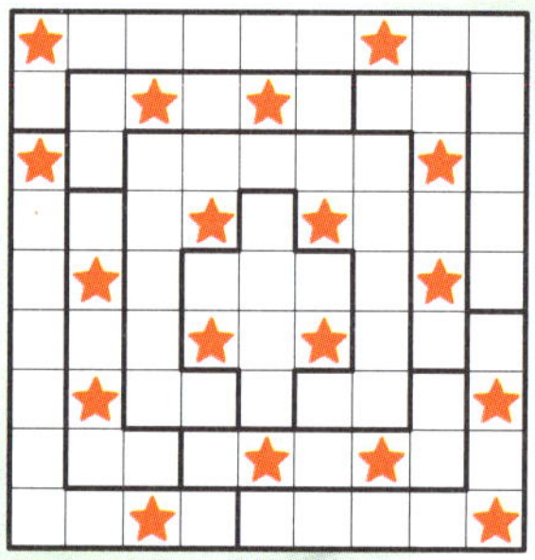

072

073

E	I	K	M	N	O	R	T	Z
1	9	3	8	4	5	2	7	6

075

E	I	N	U	T	M	G	L	R
5	2	4	1	9	3	8	6	7

077

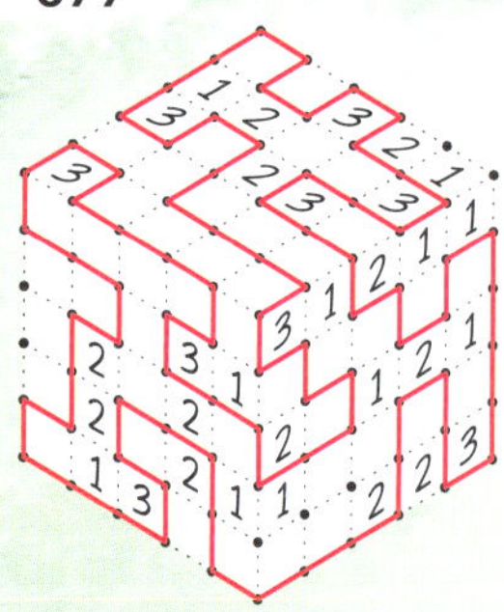

074

A	D	E	I	K	N	R	S	T
5	1	3	9	8	7	4	2	6

076

A	E	F	G	I	L	N	O	P	U
5	1	7	6	8	4	2	10	9	3

078

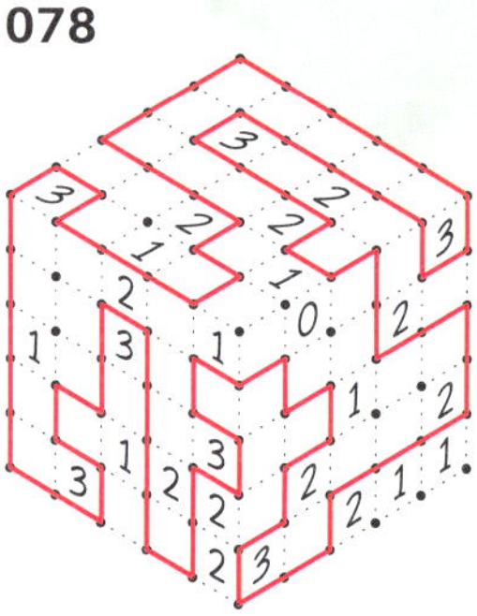

079

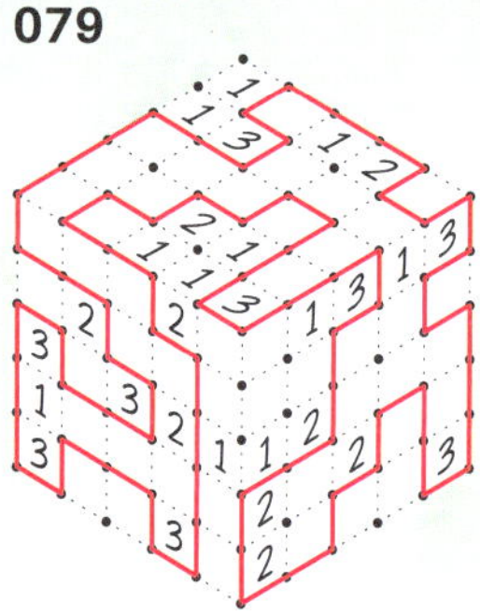

080

Name	Disziplin	Hobby	Ort
Falko	Eiskunstlauf	Bergsteigen	Pool
Robin	Skispringen	Motorradrennen	Sauna
Sean	Biathlon	Tiefsee tauchen	Aufzug
Ufuk	Riesenslalom	Fallschirmspringen	Hotelbar

081

J	O	S	E	F	K	O	C	H
I	N	K	A	E	R	G	O	E
M	E	A	D	U	I	I	D	E
S	Y	L	V	E	S	T	E	R
R	E	P	O	R	T	A	G	E
B	A	C	K	W	A	R	E	N
I	S	R	A	E	L	R	I	O
B	E	E	T	R	L	E	E	R
B	I	W	A	K	E	A	R	M

082

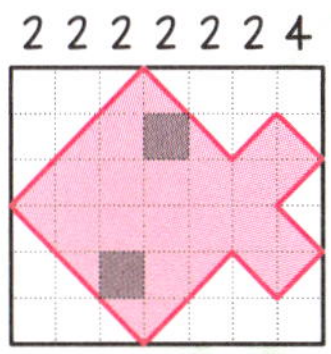

083

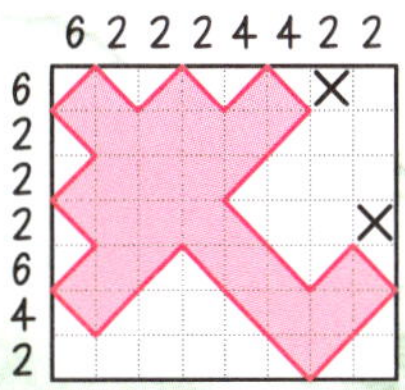

084

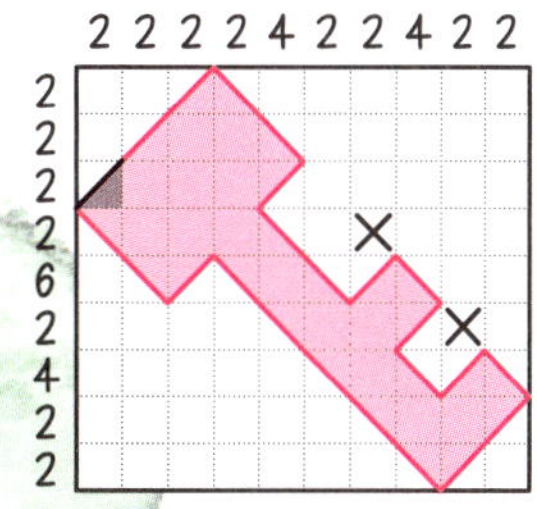

085

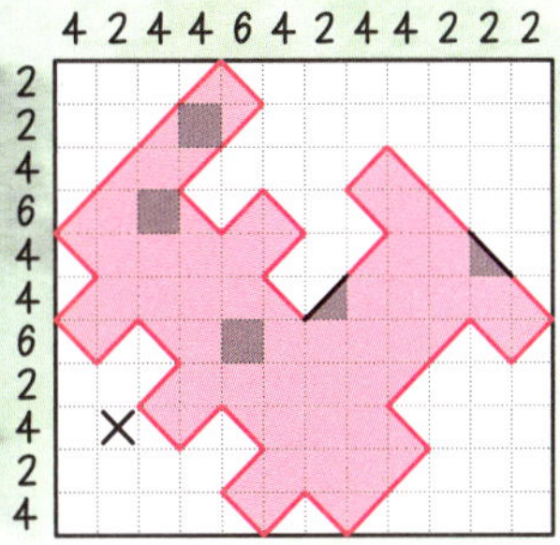

086

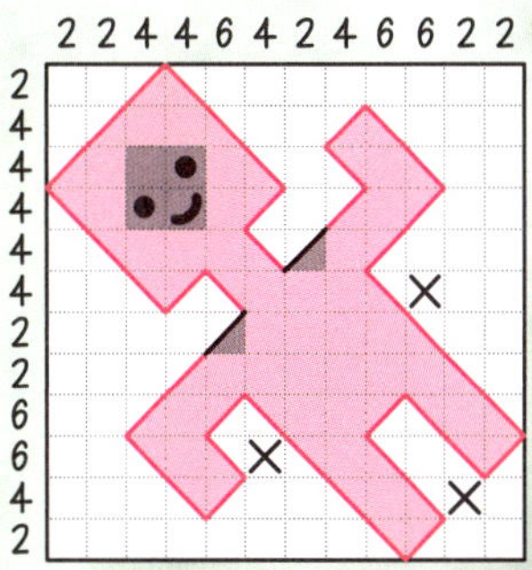

087

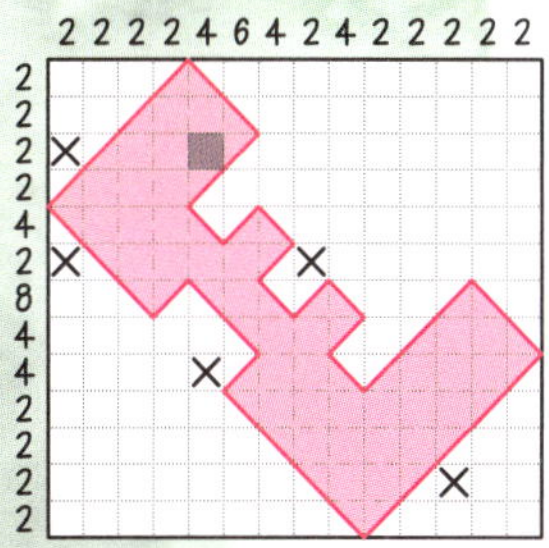

088

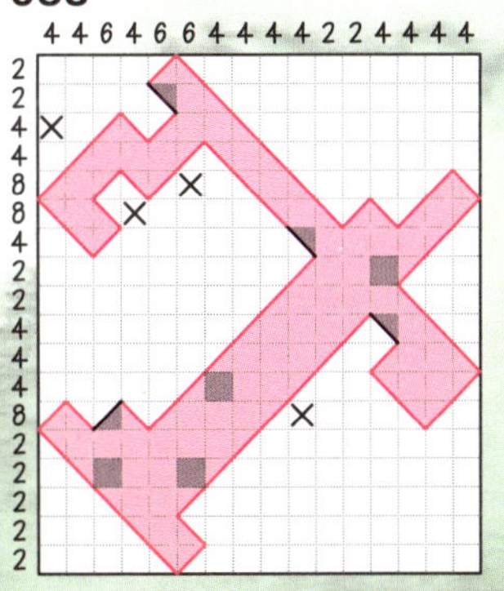

089

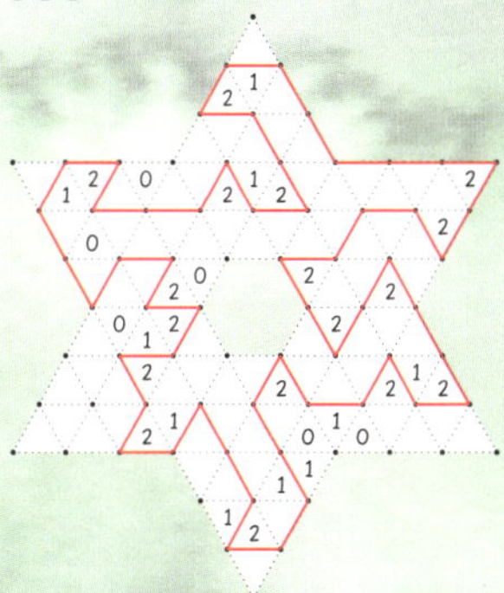

090

091

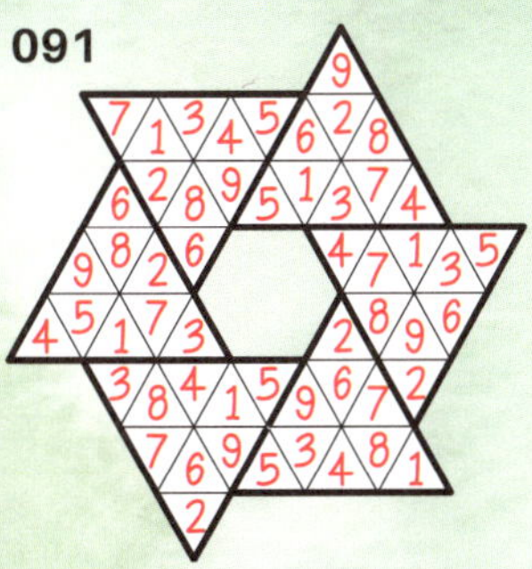

092

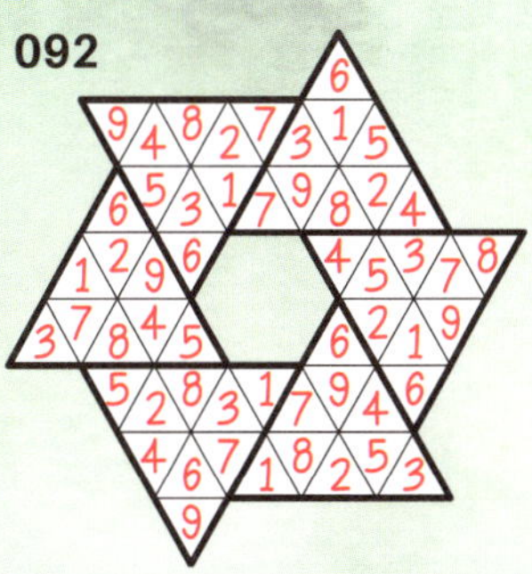

093

094

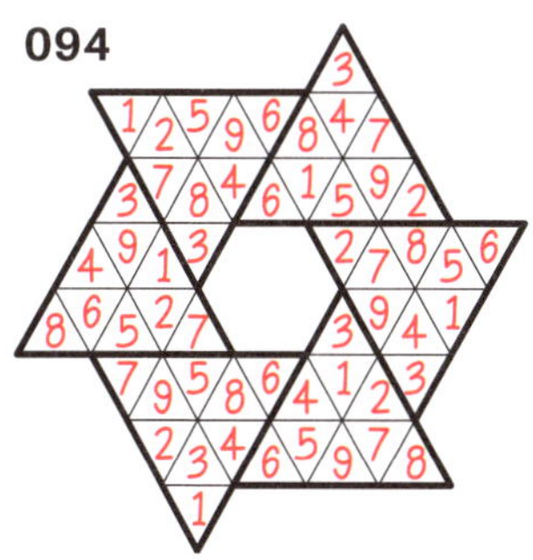

095

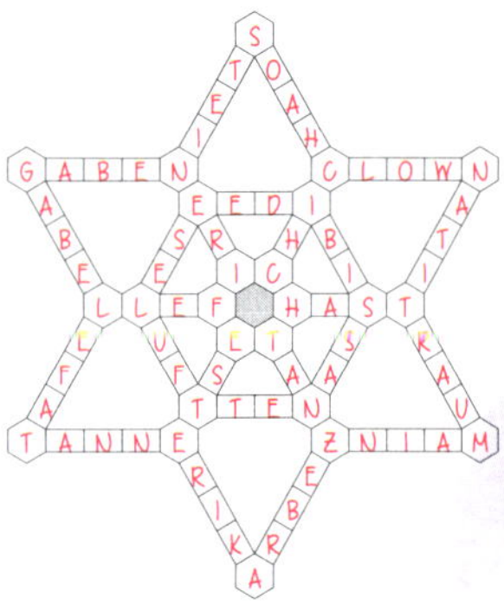

096

»STERNANIS«

097

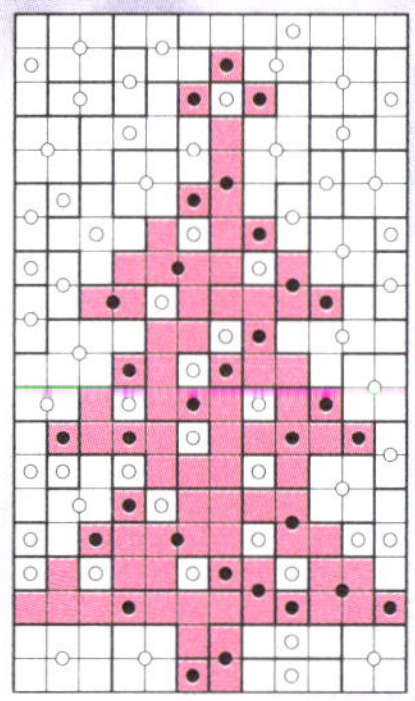

098

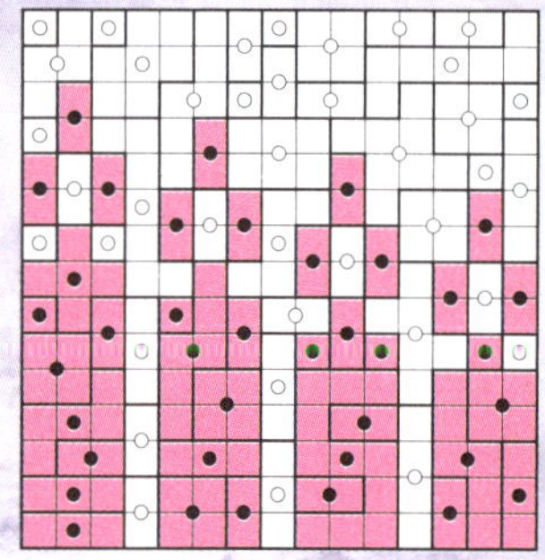

099

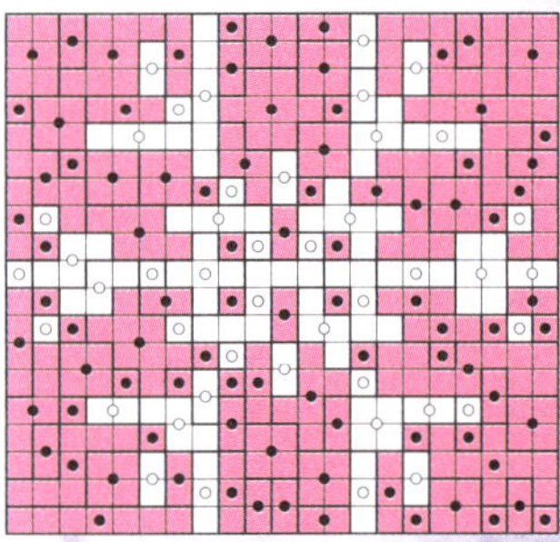

100

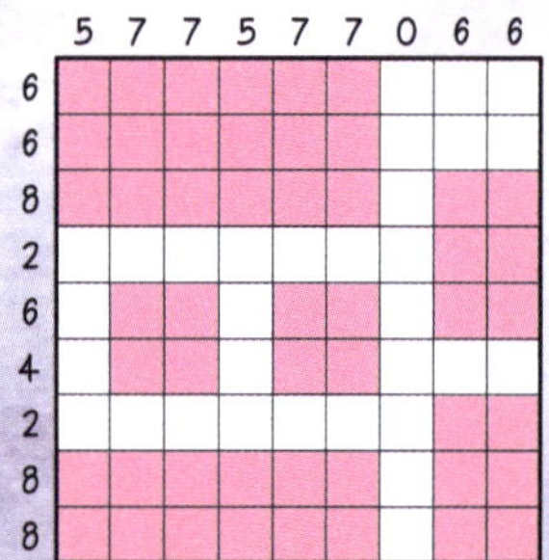

101

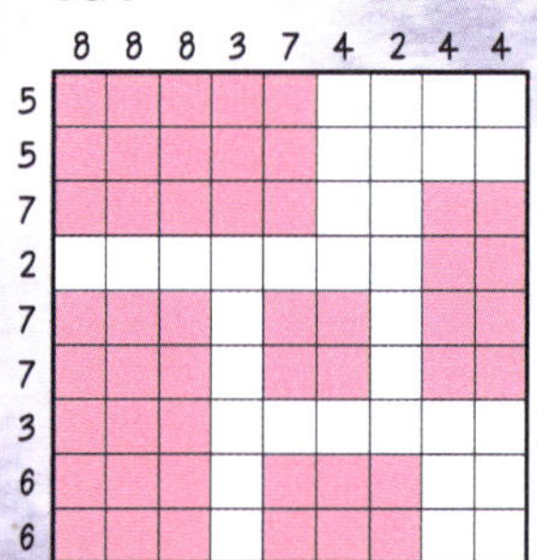

102

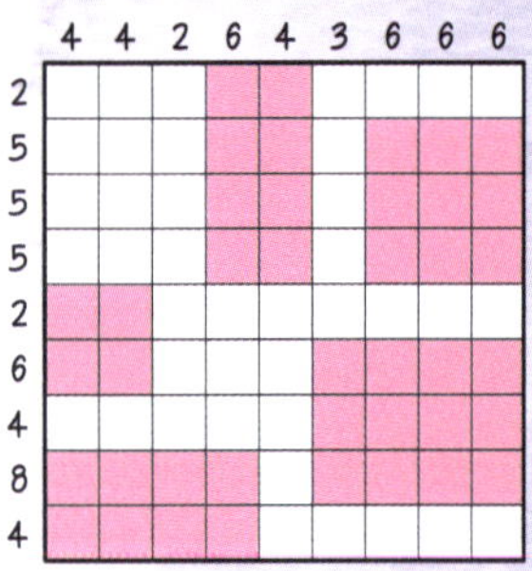

103

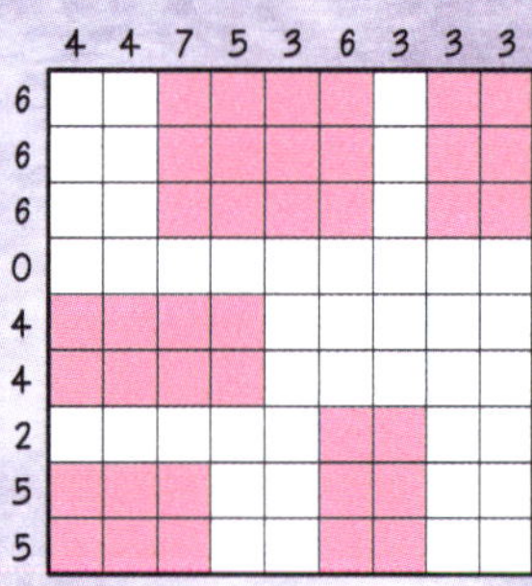

104

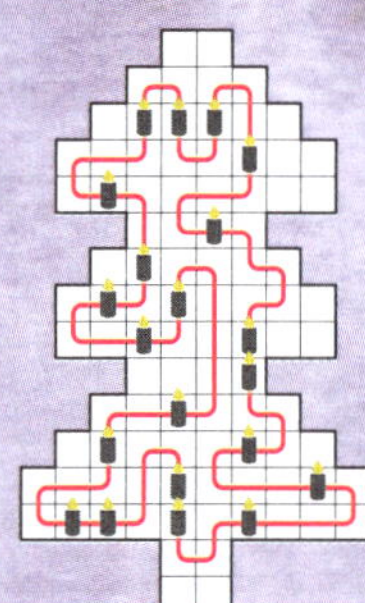

105

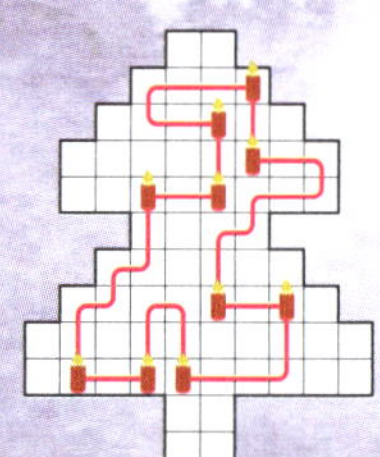

106

107

108

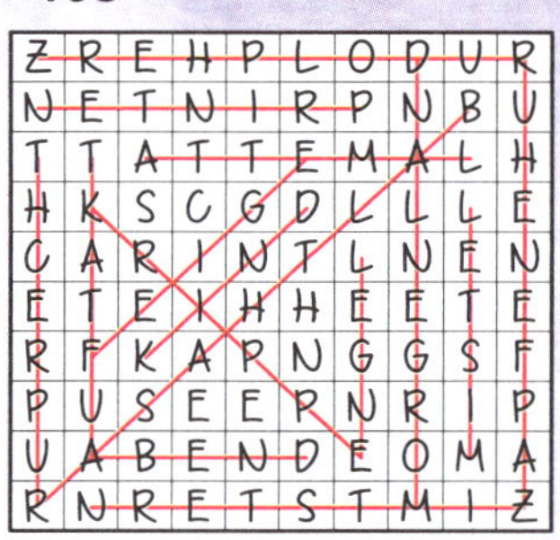

»SCHNEE«

109

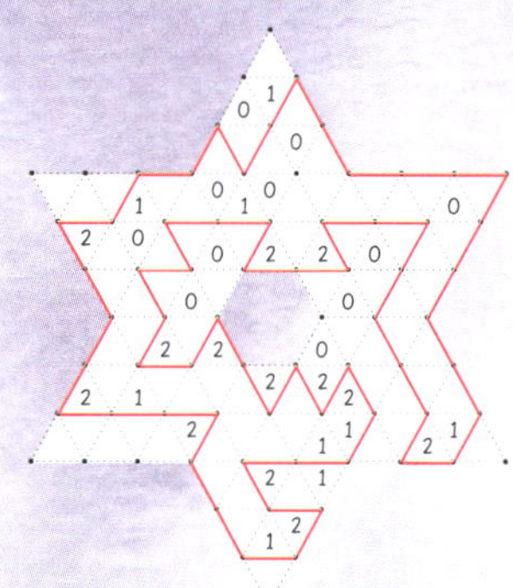

110

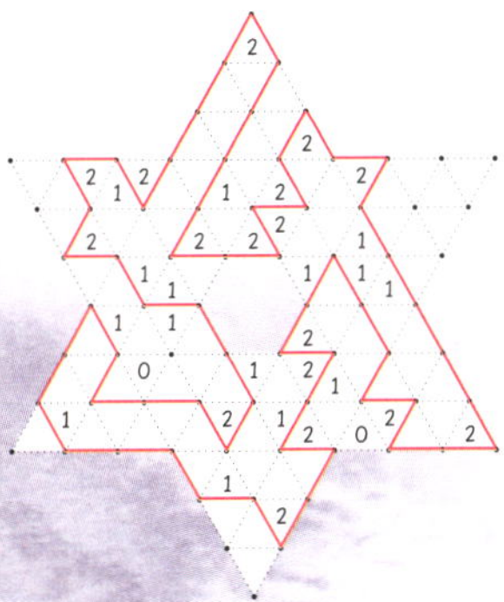

111

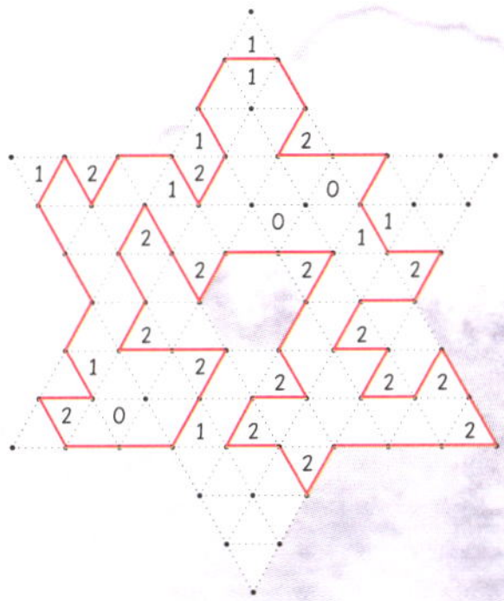

112

113

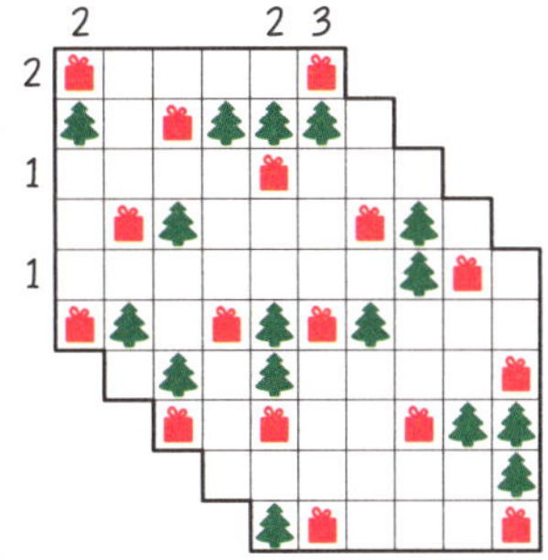

114

115

Skigebiet	Anzahl der Pisten	Gesamtlänge
Schneematt	9	34km
Tannenalm	5	16km
Schlitterjoch	8	17km
Rutschberg	10	32km
Loipental	4	15km

116

BURG

117

ABEND

118

WUNSCH

119

	12	15	5		2	5	
13	2	🎁	1	5	3	4	🎁
10	🎁	5	2	3	🎁	1	4
	5	4	3	🎁	2	🎁	1
4	3	1	🎁	4	🎁	5	2
1	4	2	5	🎁	1	🎁	3
3	🎁	3	🎁	1	4	2	5
14	1	🎁	4	2	5	3	🎁

120

	1	2	1	5			10
15	🎁	5	4	2	3	1	🎁
3	1	🎁	3	🎁	2	5	4
2	🎁	2	🎁	5	4	3	1
1	2	🎁	1	🎁	5	4	3
4	5	4	🎁	3	1	🎁	2
2	3	1	5	4	🎁	2	🎁
	4	3	2	1	🎁	🎁	5

121

	2	2	9	8		3	1
15	🎁	5	2	1	3	4	🎁
9	2	3	🎁	4	5	🎁	1
	🎁	4	5	2	1	3	🎁
4	5	1	3	🎁	4	🎁	2
4	4	🎁	1	3	🎁	2	5
5	3	2	🎁	5	🎁	1	4
4	1	🎁	4	🎁	2	5	3

122

	15	5	1	13	6		4
1	🎁	1	🎁	2	4	5	3
1	5	🎁	1	🎁	3	4	2
1	4	3	🎁	1	🎁	2	5
	1	2	4	3	5	🎁	🎁
9	2	🎁	3	5	1	🎁	4
1	3	5	2	4	🎁	1	🎁
9	🎁	4	5	🎁	2	3	1

123

	9	15		12	5	4	2
10	5	🎁	1	2	3	4	🎁
13	🎁	3	5	1	4	🎁	2
	4	5	2	🎁	1	3	🎁
3	2	4	🎁	3	🎁	1	5
9	3	2	🎁	4	5	🎁	1
	🎁	1	3	5	🎁	2	4
4	1	🎁	4	🎁	2	5	3

124

125

126

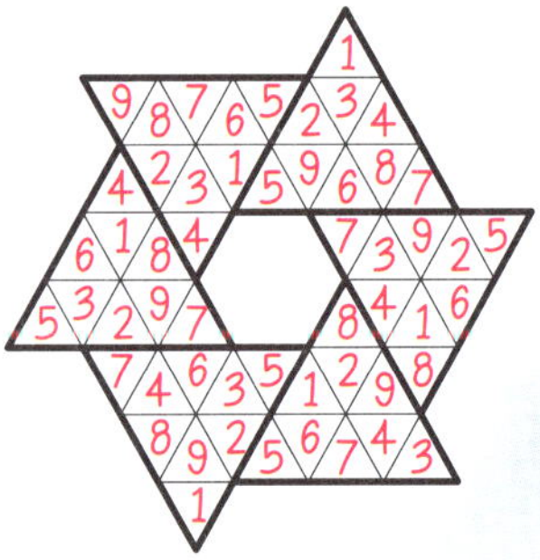

127

128

129

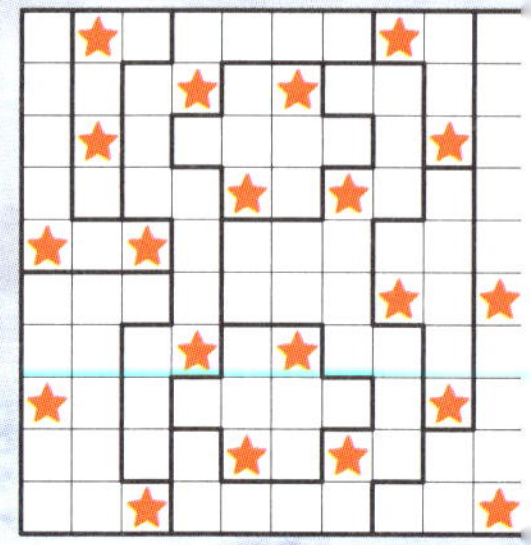

130

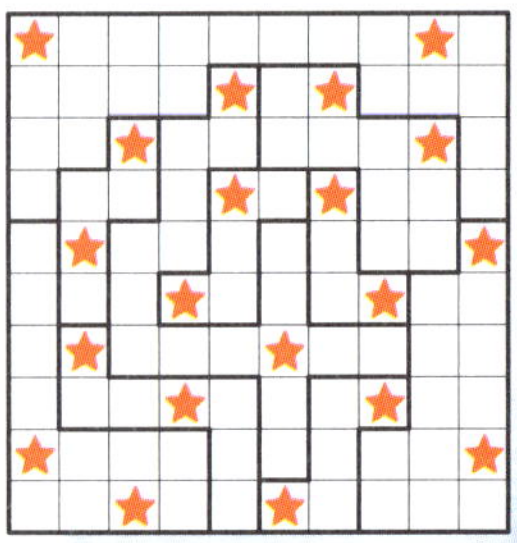

131

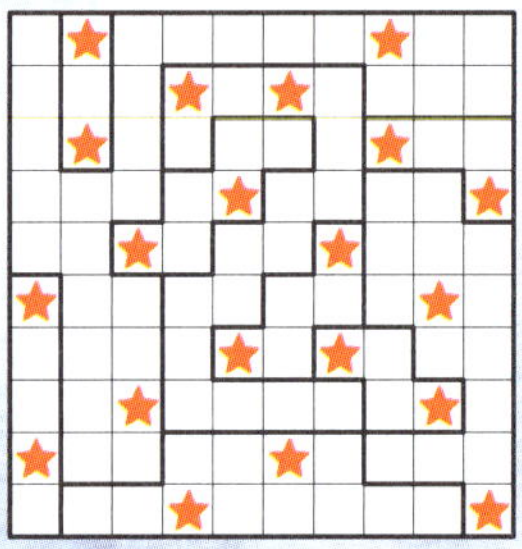

132

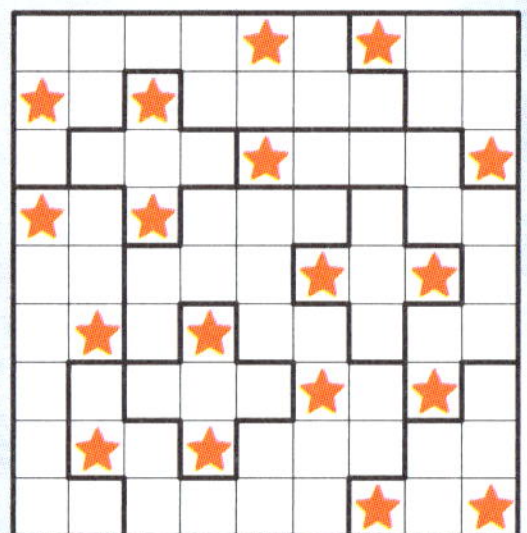

133

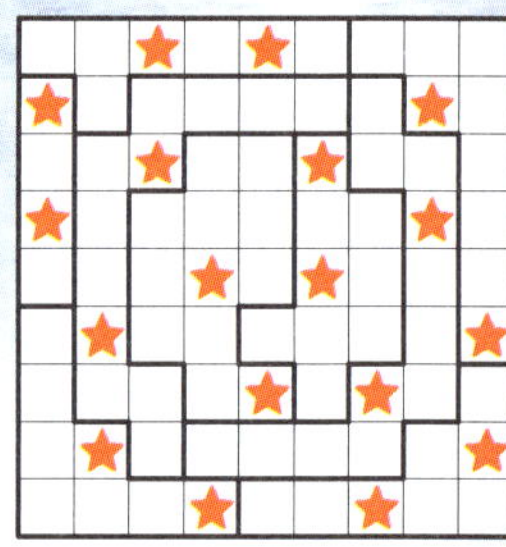

134

»CHRISTENHEIT«

135

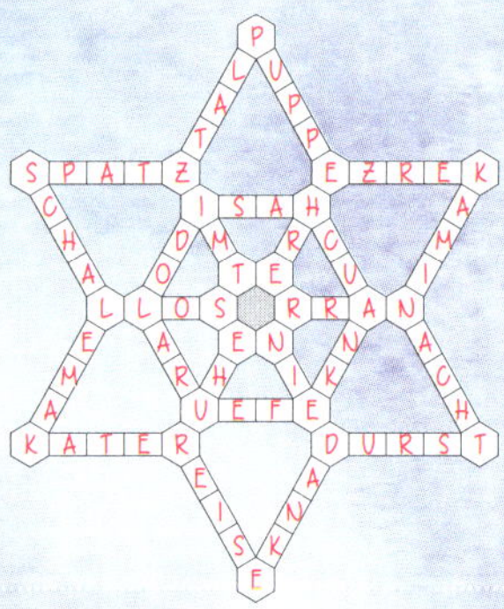

136

137

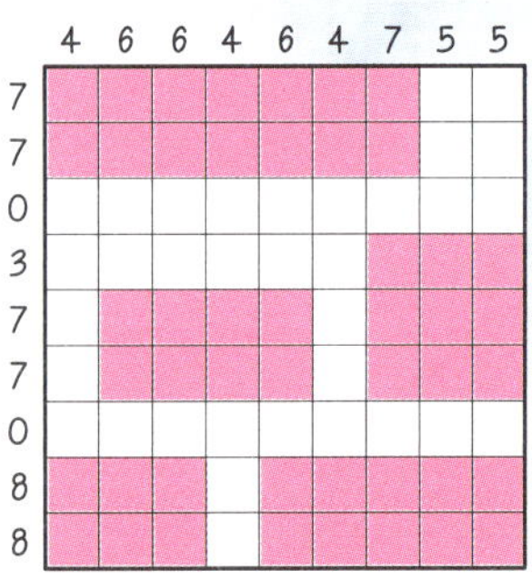

138

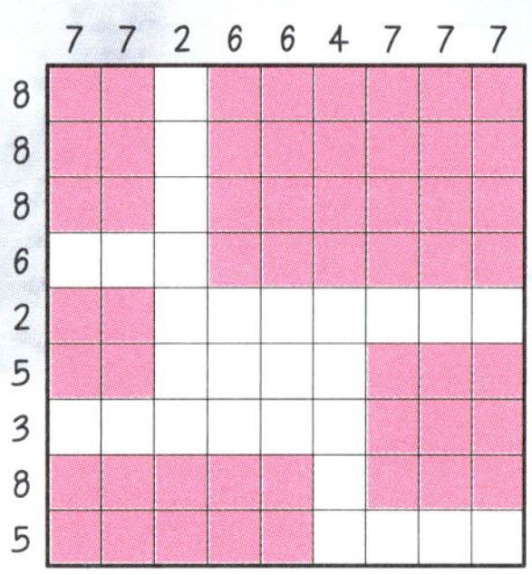

139

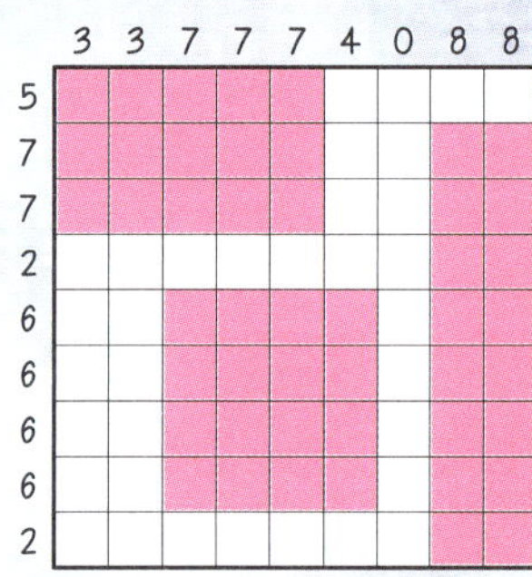

140

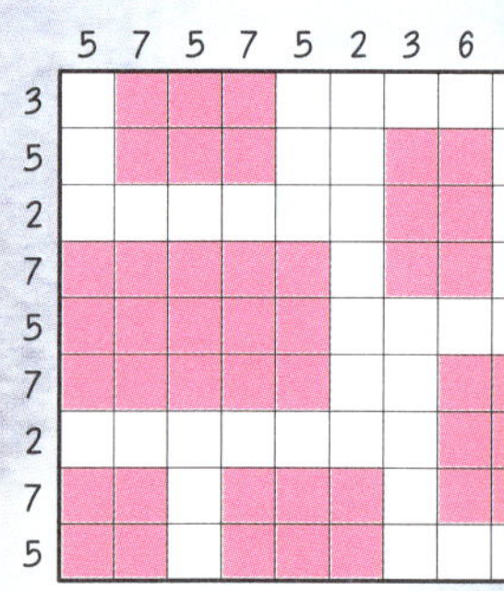

141

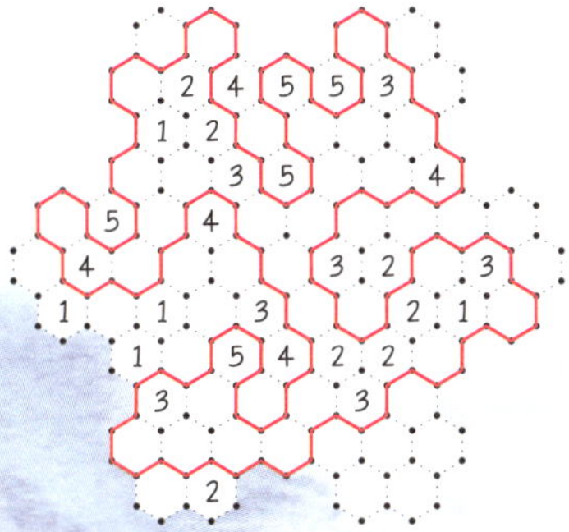

142

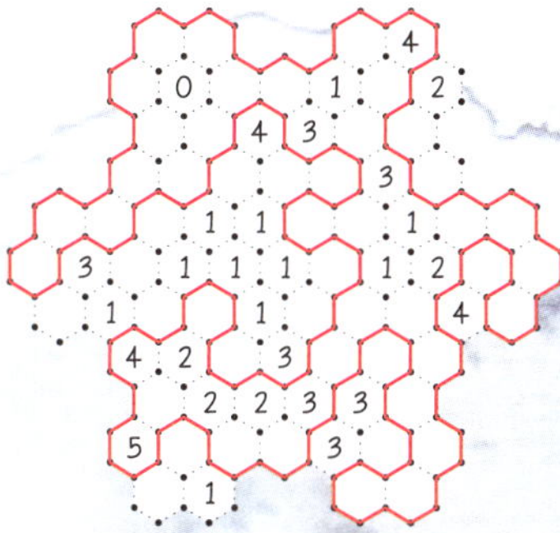

143

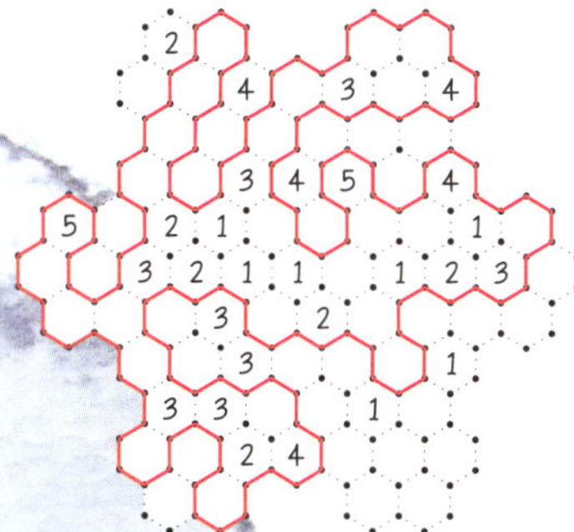

144

F	L	O	P	S	C	H	N	U	R
L	I	M	I	T	H	A	A	R	E
I	D	A	N	R	R	U	H	E	D
E	G	E	G	O	I	S	T	D	E
G	E	R	U	H	S	A	M	E	N
C	H	R	I	S	T	K	I	N	D
Ä	K	A	N	T	B	U	R	M	A
S	I	T	T	E	A	R	H	O	F
A	N	E	R	R	U	D	O	L	F
R	O	N	I	N	M	E	I	L	E

145

Vorname	Nachname	Farbe	Form	Größe
Lisa	Gugenau	blau	dreieckig	mittel
Anna	Silva-Bühl	grün	rechteckig	klein
Tina	Zeibert	pink	sternförmig	groß

146

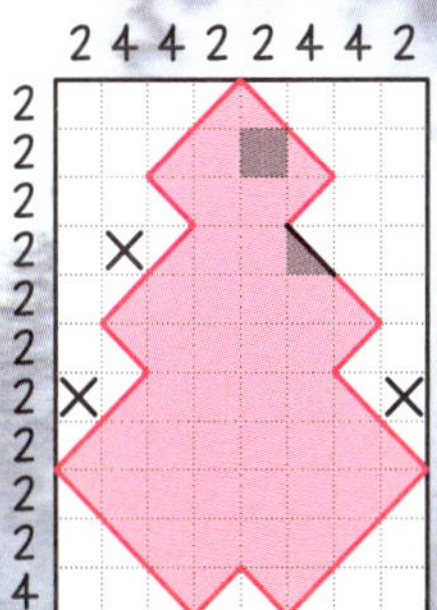

147

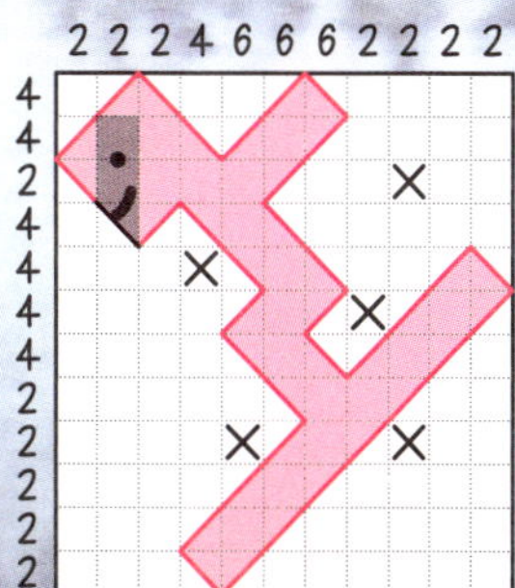

148

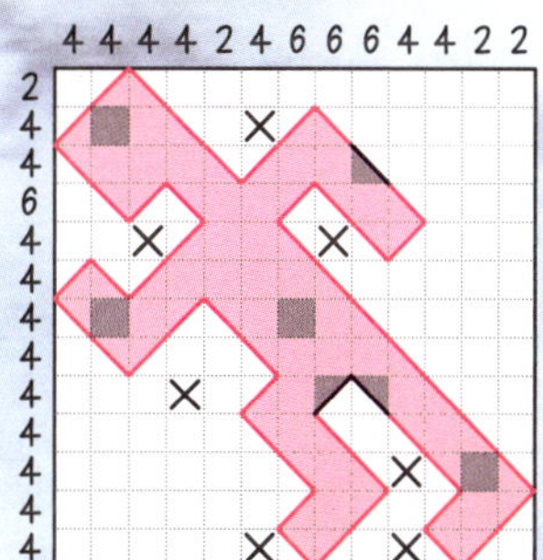

149

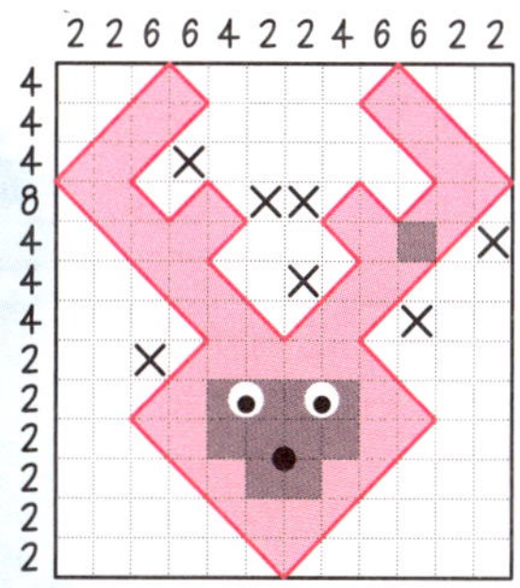

150

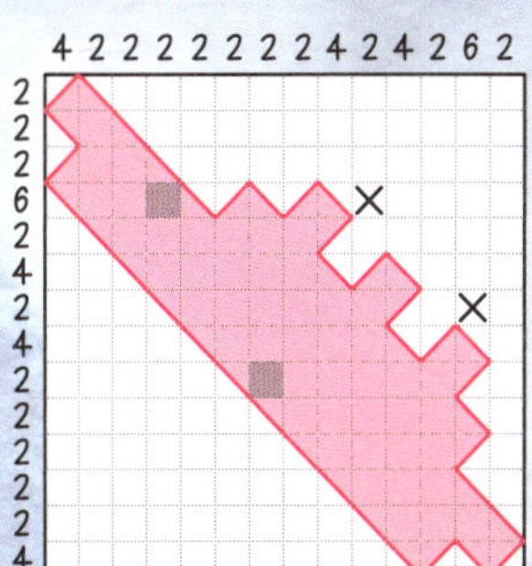

151

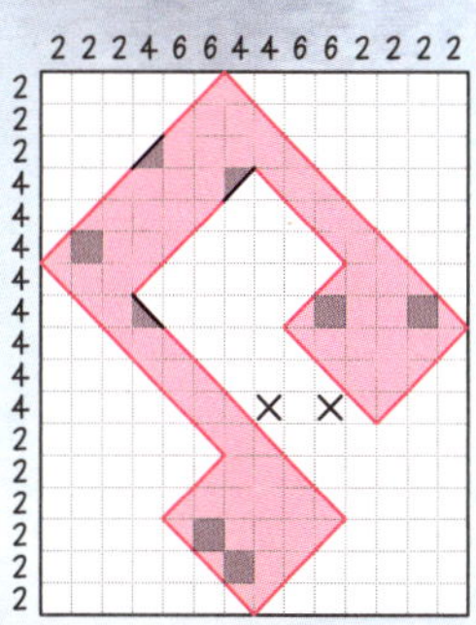

152

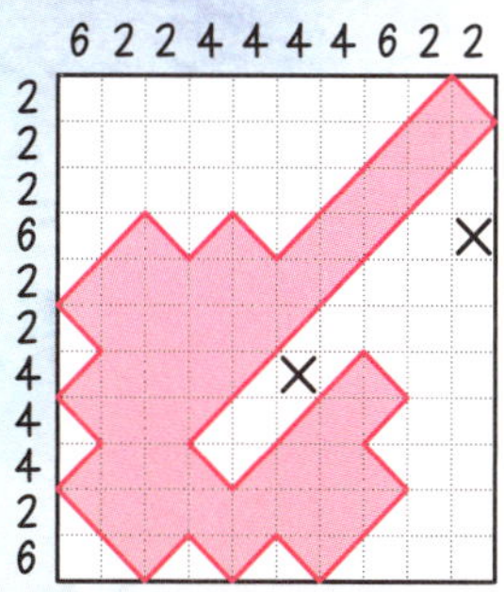

153

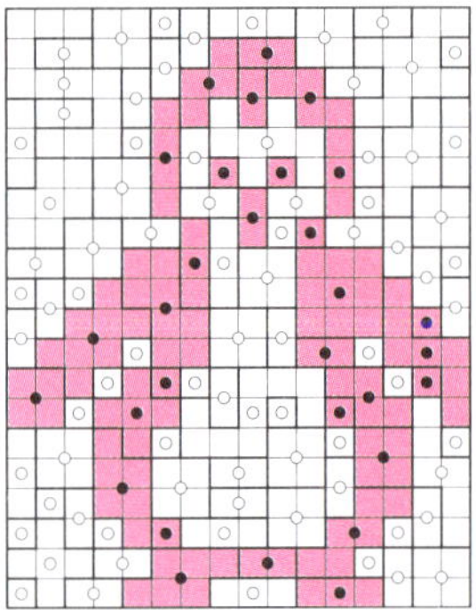

154

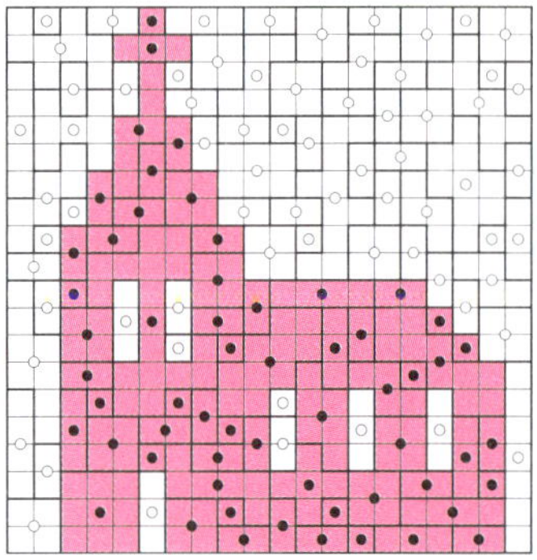

155

A	C	D	E	H	I	M	N	R	U	W	Y
9	8	7	5	3	12	4	11	1	6	10	2

156

B	E	F	I	L	M	N	R	S	T	U
8	1	4	10	7	11	3	2	6	5	9

157

A	B	C	E	H	I	M	N	R	S	T	U
6	5	8	11	2	12	3	10	7	9	4	1

158

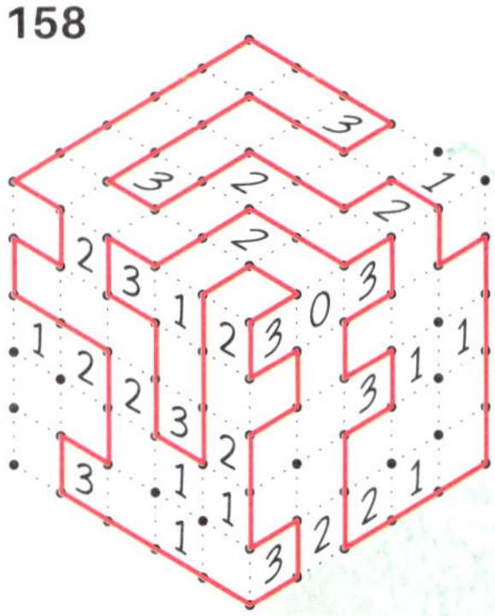

159

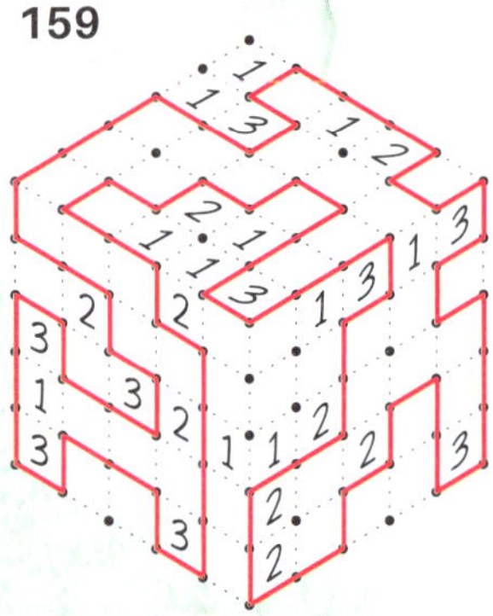

160

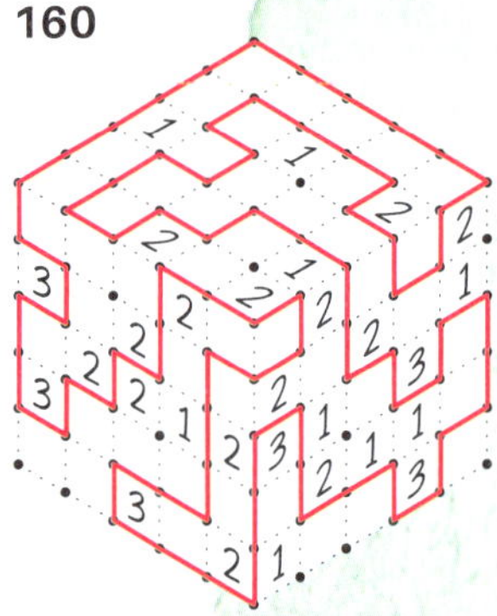

161

162

R	H	E	K	M	I	E	H	W	N
H	T	I	T	A	I	N	T	N	E
H	U	H	C	S	D	N	A	H	F
E	M	R	M	N	I	M	R	U	P
S	R	E	S	I	E	P	A	S	A
S	E	S	S	E	L	L	I	F	T
R	W	H	N	P	D	T	O	K	S
R	H	H	E	L	K	L	T	L	S
H	C	S	I	R	E	L	A	M	E
S	S	W	A	R	G	I	E	W	Z

»WINTERSPORTLER«

163

164

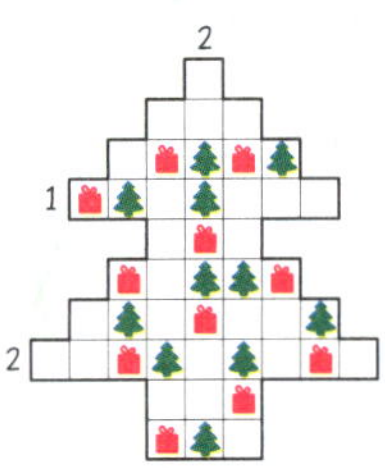

165

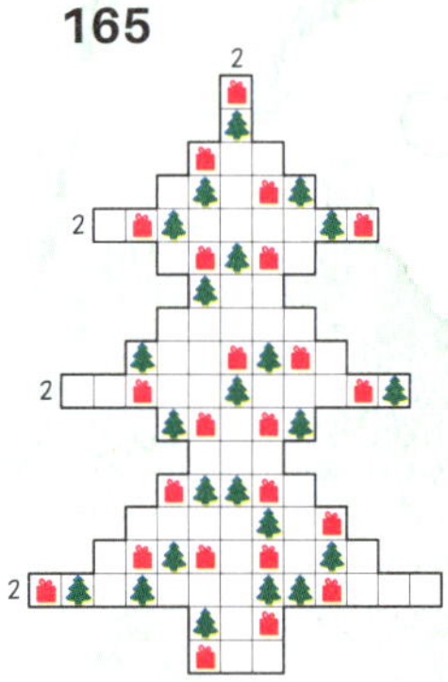

166

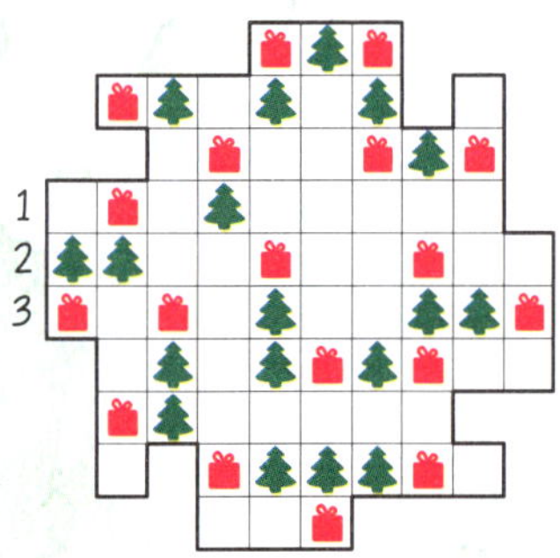

167

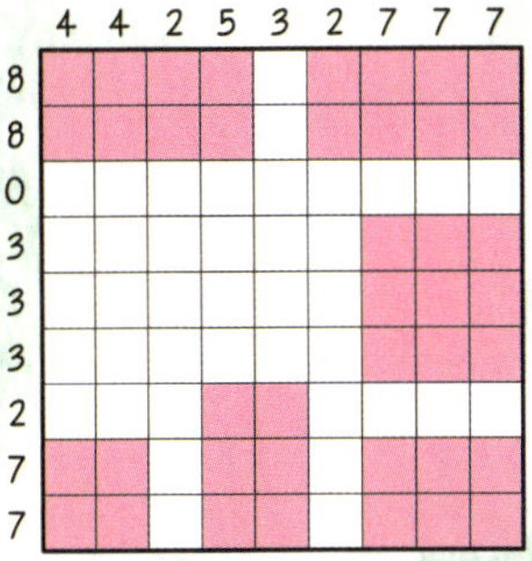

168

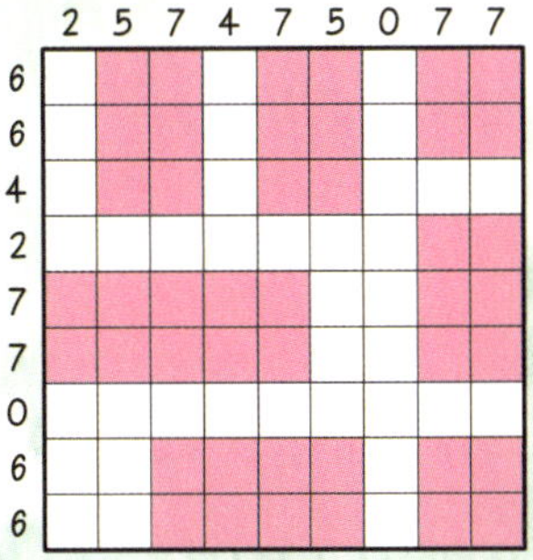

169

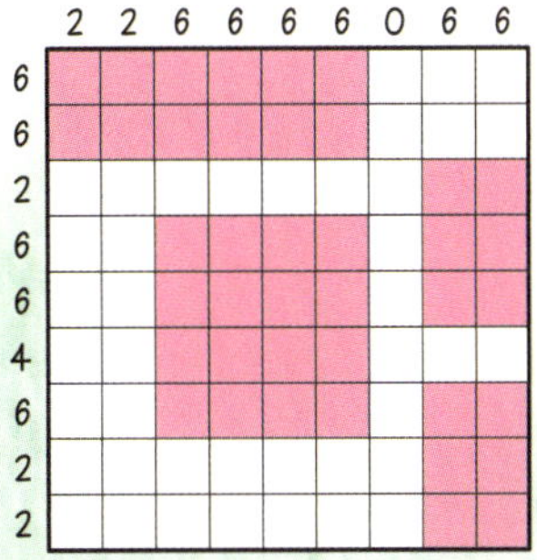

170

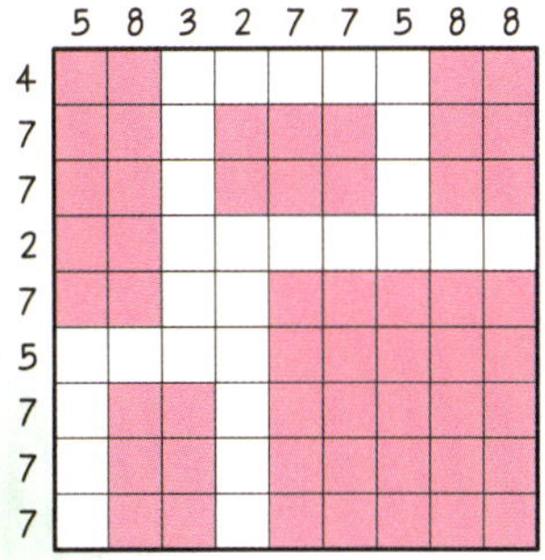

171

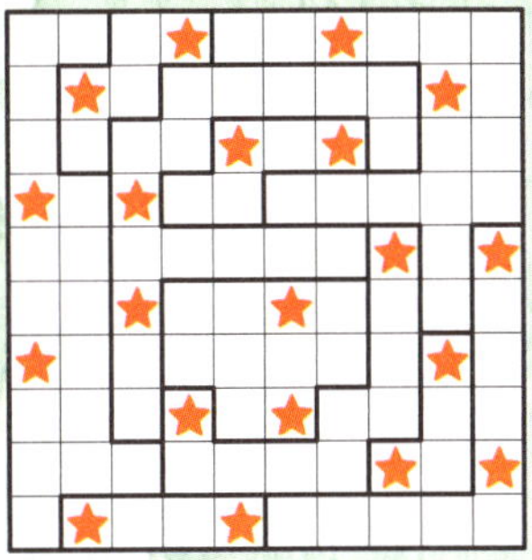

172

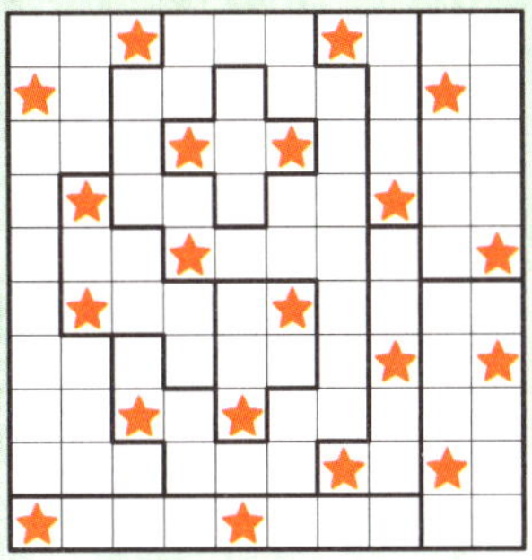

173

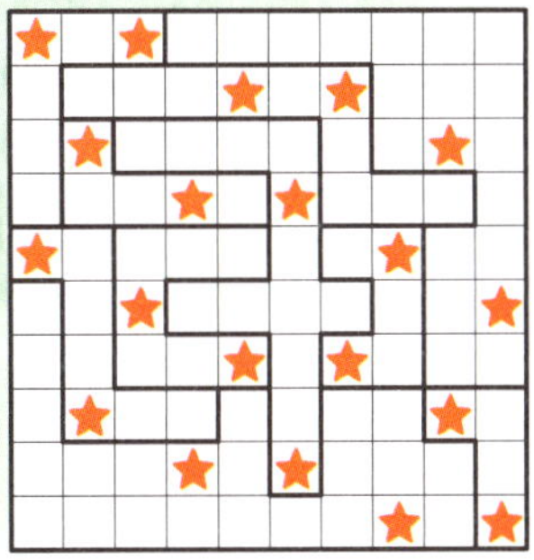

174

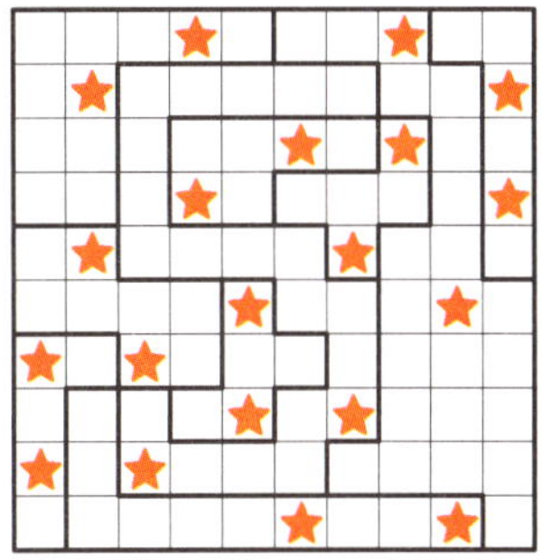

175

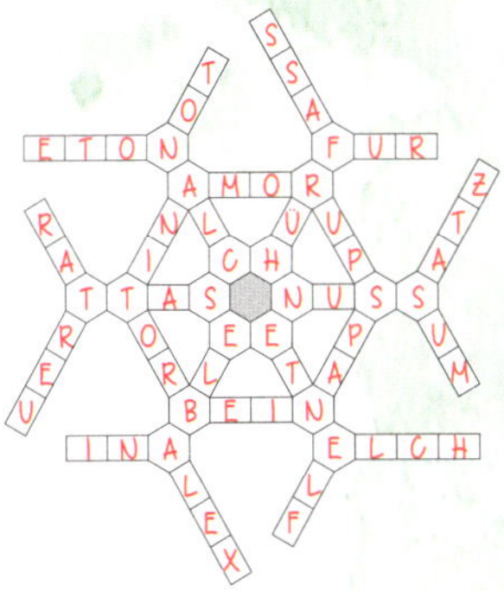

176

177

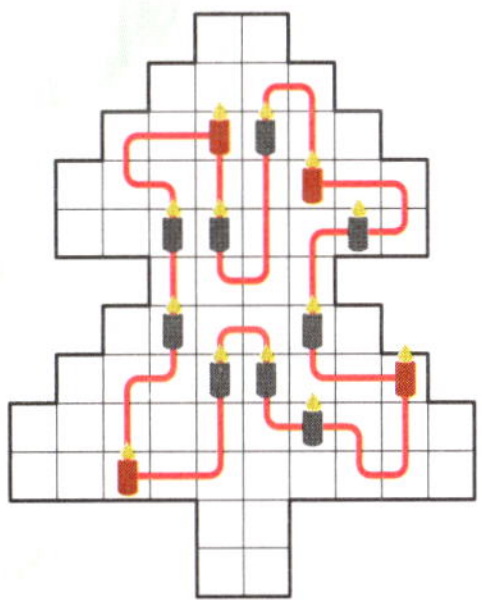

178

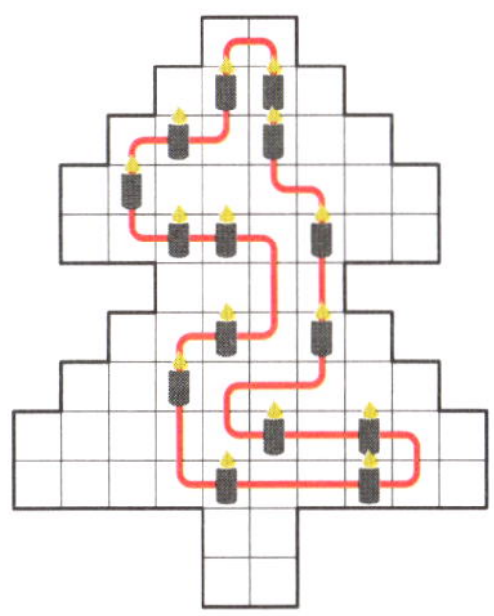

179

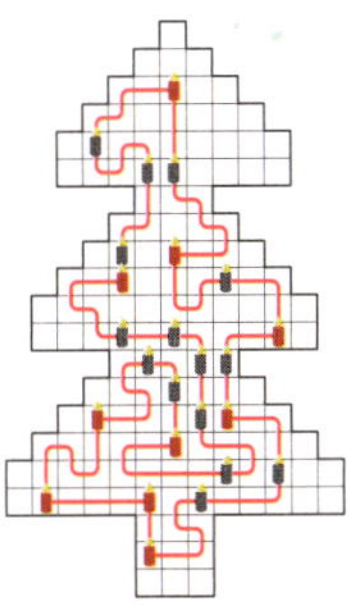

180

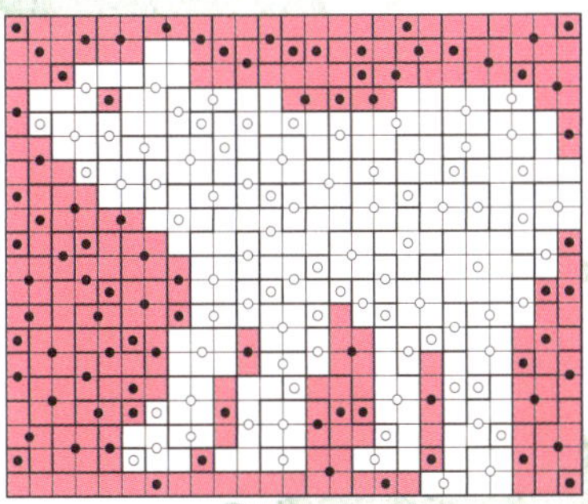

181

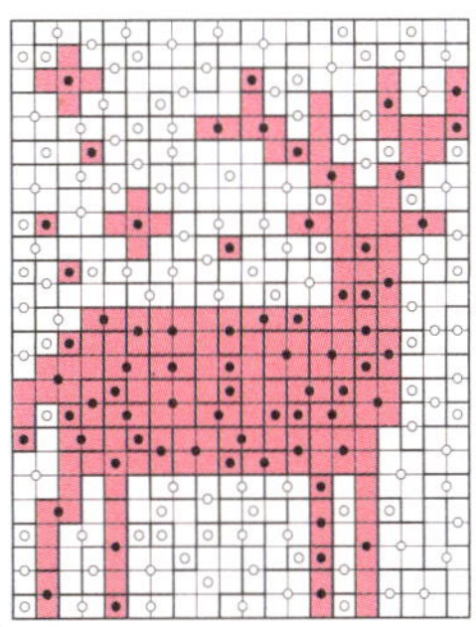

182

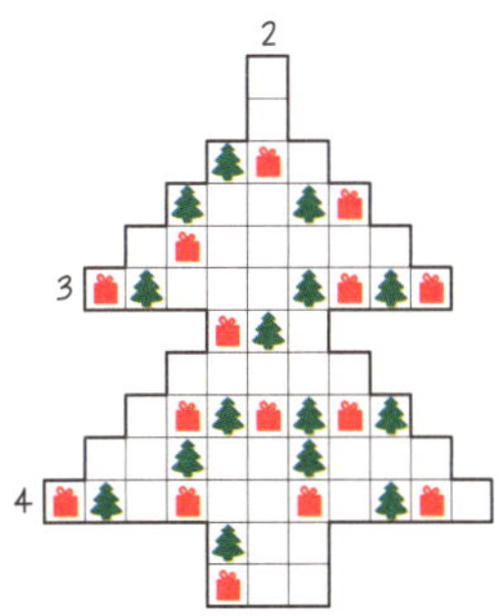

183

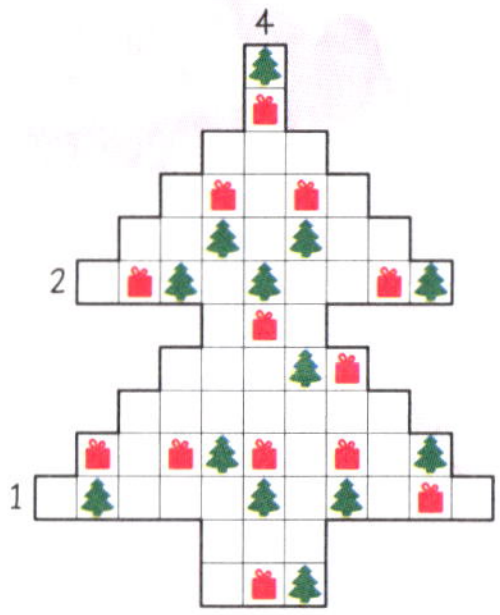

184

185

»EISLAUFEN«

186

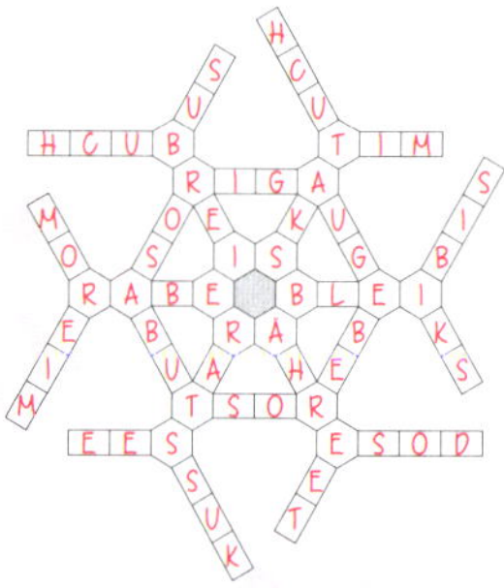

187

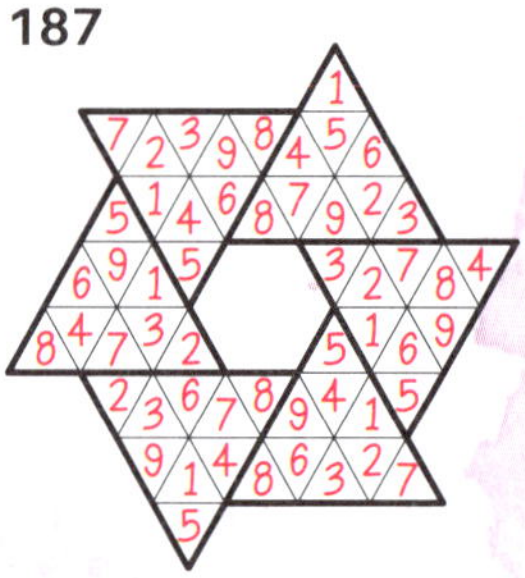

188

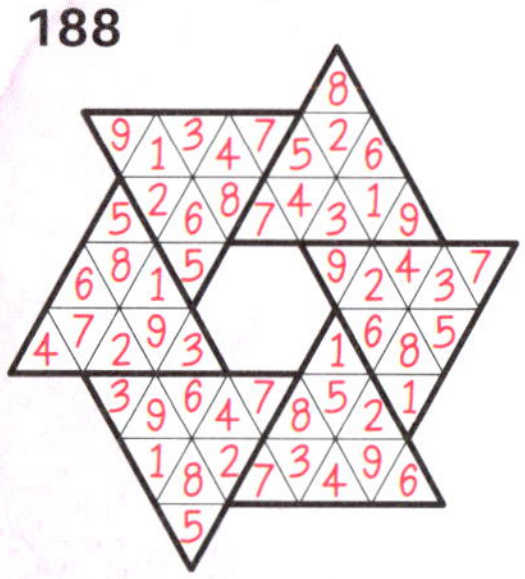

189

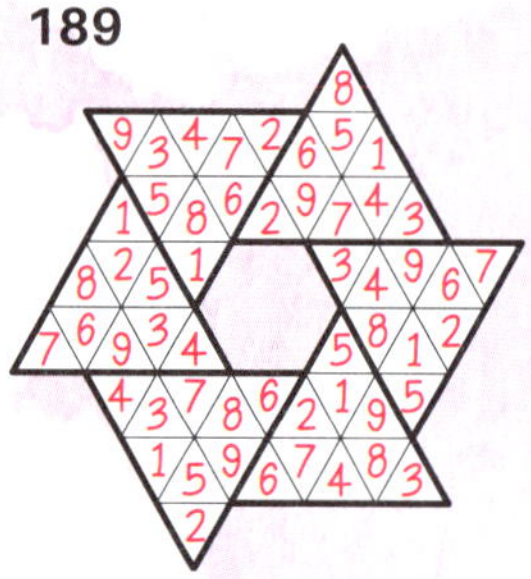

190

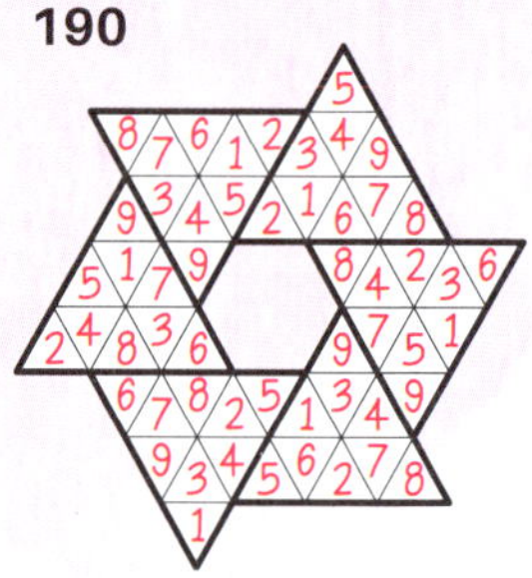

191

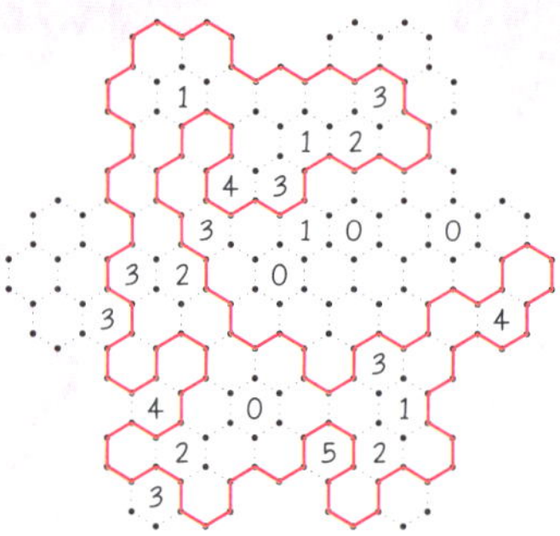

192

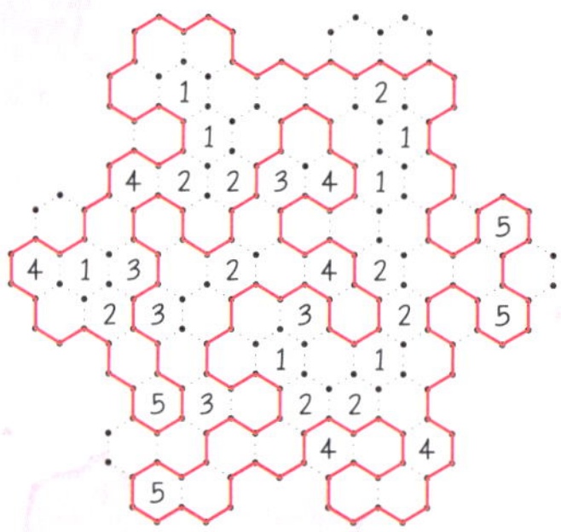

193

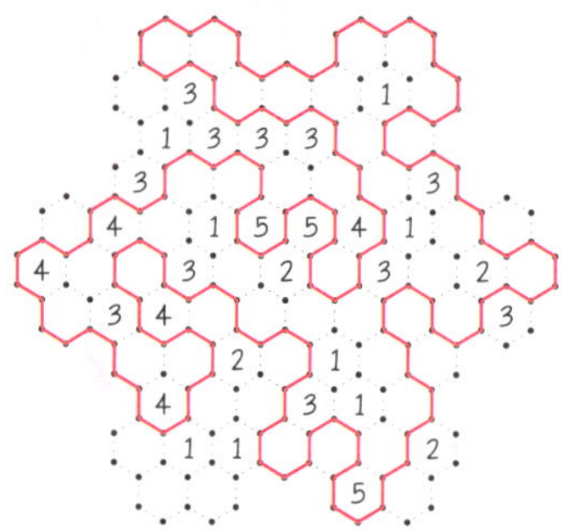

194

Familie	Größe	Kugelfarbe	Dekor
Ricken	sehr klein	silber	Engel
Hausmann	klein	rot	Geschenke
Hildebrand	groß	gold	Lametta
Gruber	mittel	weiß	Stern

195

»SCHNEE«

Rätsel-Index

Mit dieser Übersicht nach Rätseltypen findest du ganz schnell zu deinem nächsten Lieblingsrätsel!

Buchempfehlungen für Dich

978-3-7724-4917-8

978-3-7724-4916-1

978-3-7724-4925-3

978-3-7724-4293-3

978-3-7724-4294-0

978-3-7724-4295-7

978-3-7724-4296-4

978-3-7724-4928-4

978-3-7724-4930-7

978-3-7724-4319-0

978-3-7724-4318-3

978-3-7724-4927-7

978-3-7724-7865-9

978-3-7724-5950-4

Über die Autoren

Das Autoren-Trio ist Mitglied im Rätselverein **Logic Masters Deutschland** (www.logic-masters.de). Der Verein widmet sich im Wesentlichen der Vertretung Deutschlands bei internationalen Rätselwettbewerben sowie der Förderung und Verbreitung von logischen und mathematischen Rätseln im sportlichen Wettbewerb. In Kooperation mit weiteren Vereinsmitgliedern erschien im frechverlag bereits das wunderschön illustrierte Buch „Rätsel dich schlau und glücklich" mit rund 200 spannenden Zahlen- und Logikrätseln.

„Ich spiele nicht, ich arbeite!" Oder umgekehrt? So ganz genau weiß man das bei **Thade Precht**, Jahrgang 1980, eigentlich nie. Denn seit rund einem Jahrzehnt widmet sich der freischaffende Designer (www.tppd.de) mit großer Hingabe solch spaßbehafteten Themenfeldern wie Spielzeug, Spielen und Kreativbüchern. Für seine Projekte wurde er bereits mehrfach ausgezeichnet, unter anderem mit dem European Product Design Award. Seit jeher faszinieren Thade logikbasierte Spiele wie Mastermind oder Minesweeper, und so fand er über klassisches Sudoku den Weg zur „großen" Rätselei. Immer in seinem Handgepäck: ein bunt gemischter Rätselblock – für U-Bahn-Fahrten, Wartezimmeraufenthalte oder einfach die Pausen im Park.

Übrigens: Der Rätseltyp Diagonic wurde von Thade erdacht und feiert in diesem Buch hochoffiziell Weltpremiere! :-) Über Feedback an mail@tppd.de freut sich der Erfinder!

Bernhard Seckinger, Jahrgang 1972, interessierte sich schon als Kind sehr für Rätsel und ist seit 2003 hauptberuflich Rätselautor. Unter anderem erstellt er seit 2004 die Rätselkolumne „Logelei von Zweistein" in der ZEIT. Außerdem bietet Bernhard auf seiner Webseite www.croco-puzzle.com zahlreiche Rätselabenteuer und ein tägliches Überraschungsrätsel an. Im Jahr 2006 gründete er zusammen mit ein paar Mitstreitern den Verein Logic Masters Deutschland e. V. (siehe links oben), den er maßgeblich mitgeprägt hat.
In seiner Freizeit interessiert Bernhard sich für Brettspiele, Gitarrenspiel, Fußverkehr, Lesen und vieles mehr.

Silke Berendes, Jahrgang 1977, ist Lerntherapeutin und lebt mit Bernhard Seckinger und ihren drei Töchtern in Hilden bei Düsseldorf. Der gemeinsame Haushalt sprüht geradezu vor Rätselbegeisterung. In puncto Logikrätsel favorisiert Silke Permakultur-Rätsel und Hybride, also mehrere Rätseltypen in einem Gitter. Darüber hinaus interessiert sie sich auch für kreative Rätsel und war Mitautorin für die erste e-nigma – eine Art kollektiver Schnitzeljagd für Rätselfans quer durch die Stadt Essen mit rund 150 Teilnehmern (www.e-nigma.xyz). In der Rätselszene ist sie mit mittlerweile vier WM-Teilnahmen wohlbekannt. Neben Lesen und kooperativen Gesellschaftsspielen pflegt sie vor allem aktive Hobbys in der Natur wie Radfahren, Inlineskaten, Wandern und Schwimmen in Seen und Flüssen.

Immer informiert, immer inspiriert – die ganze Welt von TOPP auch im Netz

Webseite

Die neuesten Trends, die schönsten Kreativbücher und die aktuellsten Informationen auf unserer Webseite

Schau mal vorbei und stöbere Sie in unserem riesigen Angebot von mehr als 1000 Kreativbüchern, Sets und mehr:

www.TOPP-kreativ.de

Newsletter

Bunt, überraschend und immer aktuell – immer auf dem Laufenden mit unserem Newsletter

Noch heute anmelden und regelmäßig Informationen, Tipps und Neuheiten erhalten:

www.TOPP-kreativ.de/Newsletter

Digitale Bibliothek

Tutorial-Videos, Plotter-Dateien, Vorlagen zum Ausdrucken, Übungsblätter etc.

Zu vielen TOPP-Büchern gibt es digitale Extras. Schau im Impressum nach (die letzte Seite des Buches): Wenn dort ein Freischaltcode abgedruckt ist, dann besuche die Digitale Bibliothek auf unserer Webseite, registriere Dich einmalig und schalten Sie Ihre Zusatzmaterialien frei:

www.TOPP-kreativ.de/DigiBib

Facebook

Werde Teil unserer Communitys Mitstrickzentrale fürs Handarbeiten und Bastelzentrale für die Themen Basteln, Bauen, Dekorieren & DIY. Du findest uns unter:

www.facebook.com/Mitstrickzentrale
www.facebook.com/Bastelzentrale

Instagram

Live dabei mit ständig aktuellen News aus dem frechverlag

Willst Du wissen, was bei uns gerade passiert und woran wir arbeiten? Dann folge uns auf Instagram. Möchtest Du uns an Deinen Kreativprojekten teilhaben lassen? Dann poste doch gleich ein Foto mit dem Hashtag **#frechverlag** und wir stellen Dein Werk gerne der Community vor:

www.Instagram.com/frechverlag

Pinterest

Neue Bücher, neue Ideen und die Menschen, die sie machen

Du bist auf der Jagd nach den neuesten Ideen und aktuellen Trends im DIY-Bereich? All das gibt es auf den Pinnwänden des frechverlags unter:

www.Pinterest.com/frechverlag

Youtube

Ein Video sagt oft mehr als tausend Worte

Du möchtest neue Techniken ausprobieren, Autoren kennenlernen oder einmal hinter die Kulissen unserer Buchproduktionen schauen? Dann abonniere den Kanal des frechverlags unter:

www.YouTube.com/frechverlag

Wer wir sind, wie wir arbeiten, was wir lieben ...

Folge uns auf Instagram, Facebook und Pinterest, um mehr über uns und unsere Arbeit zu erfahren und immer mit den neuesten Informationen versorgt zu sein.

Alle News, alle Infos und alle Links findest Du auf www.TOPP-kreativ.de

KREATIV-HOTLINE

Hilfestellung zu allen Fragen, die Materialien und Bücher betreffen: Frau Erika Noll berät Sie. Rufen Sie an oder schreiben Sie eine E-Mail!

Telefon: 0 50 52 / 91 18 58*
E-Mail: mail@kreativ-service.info
*normale Telefongebühren

Impressum

ILLUSTRATIONEN: Christin Stapff, Mädchenkunst, Neuenhagen
RÄTSEL: Bernhard Seckinger, Silke Berendes, Thade Precht
PRODUKTMANAGEMENT UND LEKTORAT: Stephanie Iber
COVERGESTALTUNG: Konstanze Laue, Christin Stapff
LAYOUT UND SATZ: Konstanze Laue, Thade Precht
DRUCK UND BINDUNG: DRUK-INTRO S.A., Polen

1. Auflage 2019

ISBN 978-3-7724-7344-9 • Best.-Nr. 7344